# BECKET

ACTE IV :
Becket, le Roi

*Photo :*
*Agence*
*Pic*

# BECKET

OU

# L'HONNEUR DE DIEU

BY

JEAN ANOUILH

EDITED BY

W. D. HOWARTH M.A.

PROFESSOR OF CLASSICAL FRENCH LITERATURE
IN THE UNIVERSITY OF BRISTOL

GEORGE G. HARRAP & CO. LTD

London   Toronto   Wellington   Sydney

*First published in Great Britain* 1962
*by* GEORGE G. HARRAP & CO. LTD
182 High Holborn, London, W.C.1
*Reprinted:* 1964 *(twice)*; 1965 *(twice)*; 1966; 1967; 1968; 1969

*First published in the French language*
*by La Table Ronde in* 1959

*This edition with Introduction and Notes*
© *George G. Harrap & Co. Ltd* 1962
*Copyright. All rights reserved*

SBN 245 55230 8

*Composed in Bembo type and printed by*
*William Clowes and Sons, Limited, London and Beccles*
*Made in Great Britain*

# CONTENTS

# INTRODUCTION

## I. The Historical Subject

Thomas Becket, canonised as Saint Thomas of Canterbury within two years of his death in 1170, became almost overnight the subject of pious legend, and was to remain one of the mediaeval saints most popular with chronicler and artist. Down to the Reformation, his shrine was venerated not only by his countrymen—

> from every shires ende
> Of Engelond, to Caunterbury they wende,
> The holy blisful martir for to seke—

but also by foreign pilgrims; and his death has provided a theme for biographers, historians and poets from the *Vie de Saint-Thomas* by the twelfth-century Garnier de Pont Saint-Maxence to the plays of Eliot and Anouilh in our own day.

To understand Becket's life, the events leading up to his exile and his murder, it is necessary first to look rather more generally at the political history of the middle years of the twelfth century. Becket was born in 1117, in the reign of Henry I, but arrived at manhood in the early years of Stephen's troubled reign (1135-54). While Henry I's reign had seen the effective consolidation of the settlement of the country carried out after the Conquest, England under Stephen saw the growth of anarchy and disorder. Involved in continual warfare with Matilda over the disputed succession, Stephen of Blois had neither the opportunity nor the ability to rule as the Norman kings had done, and by the time that the two cousins composed their differences with the Treaty of Wallingford (1153), according to which Stephen was to continue on the throne but should be succeeded by Matilda's son Henry, a great deal of lost ground needed to be recovered. Henry of Anjou, who came to the throne as Henry II on Stephen's death in 1154, had as his goal the restoration of the stable administration, as well as of the royal prerogatives, that had existed under his grandfather, Henry I; and historians have recognised in him one of the greatest of English kings, one who left the country at his death in 1189 more orderly, more civilised and greater in every way than at his accession. England, it is true, only constituted part of his domains: the Angevin empire stretched down to the Pyrenees, and much of Henry's energy was devoted to diplomatic and military measures which might preserve his advantage over the French king on the mainland; but if culturally and racially (as far as her ruling class was concerned) Norman England was not to be distinguished from the Continental part of his empire, nevertheless Henry's reign went some considerable way towards determining the form of the political, and in particular the legal, institutions on which the unique character of the English nation was to be based. And above all we may see an indication of these future developments in Henry's policy towards the Church.

When Henry came to the throne in 1154, his first task was to impose law and order on the prevailing anarchy. To help in this task he needed men of administrative ability, and it was precisely at this moment that he made the acquaintance of Becket, who was presented to him by the Archbishop of Canterbury, Theobald. Becket had been born into the merchant class of London: a prosperous, and a relatively civilised community. Both his parents had come over from Normandy, and the boy was sent to the University of Paris, whence he returned to gain some miscellaneous administrative experience before entering Theobald's household in 1142. The Archbishop found him very able, and showed him considerable favour, appointing him Archdeacon of the diocese of Canterbury in 1154 (it was at this point that Becket had to take deacon's orders); and in 1155 presented him to the King, with the vacant Chancellorship of the kingdom in mind. The King was immediately impressed with his character and ability, and shortly afterwards appointed him to this important office.

It is evident that the Archbishop and the King must have had very different hopes of what Becket would achieve as Chancellor. The Archbishop clearly saw in him one who would reflect the ecclesiastical influences which had been so strong in his formative years, in promoting a policy favourable to the Church, or more particularly to the ultramontane party within the English Church, and to that theocratic concept of government which was so ideally suited to papal policy, and which was defended in practice by Archbishop Theobald as it had been by his predecessor Anselm, both of whom, before Becket, had been forced to go into exile during their struggles with the secular power. Henry II, on the other hand, inheriting the policy pursued by Henry I and Stephen of curbing the papal power, no doubt saw in Becket a man of the world whose ability would enable him to strengthen the royal prerogative at home, as well as to consolidate English diplomatic successes abroad.

The relationship between Henry and Thomas Becket was not only that of king and first minister: the two men were to become intimate friends, in spite of differences of rank, age, experience and temperament. "It is the custom," says Speaight, "to speak of their friendship as the mutual attraction of two like spirits. This is a little wide of the truth. Henry was drawn to a man who was old enough to be his counsellor and young enough to be his companion; Thomas responded just as ardently to a king who rewarded him with affection and gave him a wide field for the exercise of his great abilities."[1] Henry was energetic, volatile and impetuous; he was fond of athletic pursuits—a tremendous hunter—but also of scholarship: he was "the most learned among the crowned heads of Christendom"[2] and a patron of learning. He ate and drank soberly, and dressed extremely simply; but was violent and impulsive in his physical passions, in his loves and his hates. Becket provides a marked contrast: orderly and patient, fond of refinement and luxury, lavish in his hospitality, and above all an able and efficient administrator. To quote Speaight again: "his story is less surprising if one regards him at this stage of his career not as a martyr and a saint in embryo, but as a civil servant of quite

[1] Speaight, R., *Thomas Becket* (Longmans, 1938), p. 55.
[2] *Ibid.*, p. 58.

outstanding ability. The genius of a civil servant is to be equally obedient to different masters and to show an equal zeal in the pursuit of different and even conflicting policies."[1]

As Chancellor, Becket was second in power and importance only to the King. During his brief tenure of this office (1155–61) he was associated with the King in the consolidation of the country's judicial system, and the emergence of a rudimentary form of trial by jury; he carried out a very ostentatious (and also a very successful) diplomatic embassy to Louis VII of France, and distinguished himself by his military prowess when an expedition went to press an English claim to the County of Toulouse; his household was so renowned for good breeding and learning that the King and several noblemen sent their sons to be brought up under his care; lastly—and most important for its bearing on his future career—he represented the King's interests in a major trial of strength with the Church. This concerned the question of 'scutage,' originally a tax levied on all landowners of a certain status, requiring each of them to pay for the services of a fully armed horseman for forty days in the year, in lieu of his own personal military service; Becket's innovation was to extend this levy to the clergy—who were of course exempt from military service in their persons—in respect of their temporal possessions. A modest claim of this nature in 1156 met with little opposition, but a further extension of the levy in 1160 for the war against Toulouse was felt very keenly by the Church, and produced protests from John of Salisbury and from Theobald.

It is not clear whether Henry's decision to recommend Becket's election as Archbishop on Theobald's death was a personal whim, or whether it conformed in some measure to public expectation. At any rate Theobald seems to have desired Becket as his successor, though when the election came to be made there was opposition on the part of some of the clergy, opposition principally voiced by Gilbert Foliot, Bishop of Hereford. This may well have been due to personal envy and disappointed ambition, though it is possible that Foliot had the foresight to perceive that Becket would not remain the 'King's man' he

[1] Speaight, *op. cit.*, p. 61.

appeared to be, and that his tenure of the Primacy would not bring about the closer relations between Church and State which Foliot, as an ambitious man whose advancement was to depend on royal favour, supported. Becket himself is said to have expressed great reluctance, and to have tried to warn the King that the relationship between them could not remain the same if he were to become Archbishop; the King, however, was evidently convinced that to have him as Archbishop would provide him with the strongest possible weapon in his fight with the ultramontane movement within the English Church, and Becket was therefore elected.

Contemporary accounts all indicate that there was straight away a remarkable transformation in his way of life. He dressed simply and lived austerely: he wore a hair-shirt, entertained the poor at his own table, and soon assumed in the eyes of his people the character of a saintly man of God, forgetful of self and devoting his life to the service of others. This transformation was accompanied by a sharp deterioration in his relations with the King: not only was Henry probably mistrustful of these general indications of a change of heart in his former Chancellor, but Thomas shortly provoked his anger by more particular manifestations of a policy very different from the King's own. He had at once resigned the Chancellorship; this angered the King, though it had been a condition laid down by the bishops on his election, and Henry retaliated by forcing him to resign the archdeaconry of his own diocese of Canterbury in favour of a royal nominee.

After this preliminary taking up of positions, as it were, the Archbishop very soon took the opportunity to assert the privileges of the Church and its independence of the secular power. To begin with, he claimed homage from the holders of several fiefs, formerly Church estates, which had been alienated by the Crown. Then, in a case which made much more stir, a clerk, Philip de Brois, who had been charged with the murder of a knight, was acquitted by the Bishop of Lincoln's ecclesiastical court; when the King demanded a reversal of the verdict, Thomas intervened and ordered a retrial, again before an ecclesiastical court, and the man was again acquitted of the charge of murder. (This, together with other instances of apparently preferential treatment of clerical offenders by ecclesiastical courts, was to be one of the principal causes of dispute between Henry and the Church; and it is difficult for the modern reader not to believe that the King was almost wholly in the right in his attempt to bring to an end a system which endowed clerks with a privileged legal status.) Another case which brought King and Archbishop into conflict was that of William of Eynesford: Thomas had appointed one of his clerks, Lawrence, to the living of Eynesford, and when William, Lord of the Manor, objected to this and expelled Lawrence, Thomas retaliated by excommunicating him. The King held that as tenant-in-chief of the Crown he could not be excommunicated without royal consent, and Thomas finally gave way in the face of royal anger. Finally, a further cause of dispute was the matter of 'danegeld,' originally levied before the Conquest as a tax paid over to the sheriffs for the purpose of local defence, but which Henry now wished to regularise as part of the royal revenues. Thomas withheld payment, on a question of principle, in respect of ecclesiastical land, and here at least it is possible to see the Archbishop as champion of the people as a whole against the encroachments of unjust taxation.

These attempts to challenge the secular power were far from having the unanimous support of the bishops, and Thomas's position in this respect had been seriously impaired when in April 1163 Gilbert Foliot had been transferred by the King to the more influential bishopric of London, though in October 1163 at the Council of Westminster, which constituted the first major counter-attack by the King, he was temporarily able to oppose a united front to the royal demands. These were embodied in two propositions: that offending clerics should be punished by secular courts, and that the bishops should obey the 'Royal Customs,' that is the unwritten prerogatives and customary rights which had obtained under the Norman kings, but which Stephen's weaker rule had allowed to lapse. Both propositions were agreed to by the assembled bishops *salvo ordine*—in other words, in so far as they did not conflict with the priest's first duty, the service of God to which he is consecrated: an all-important reservation which naturally angered the King.   But this was the last occasion on which Becket could count on even an outward show of unanimity: shifts of allegiance were soon taking place, and an intriguing French bishop, Arnulf of Lisieux, had no difficulty in winning Roger of Pont l'Évêque, Archbishop of York, Gilbert Foliot of London and Hilary of Chichester over to the King's side.   In the meantime Becket had been urged by the Pope to make a token acceptance, and he visited the King at Woodstock in December to offer formal submission, omitting the crucial reservation.

But Henry was not content with a purely formal submission, and the bishops were summoned again and asked to approve a freshly drafted formulation of the Customs.   This next Council, held at Clarendon near Salisbury in January 1164, marks the real turning-point in Becket's conflict with the King.   The fifteen Constitutions of Clarendon embodied Henry's claims in a harsh and uncompromising form: they not only dealt with the controversial question of 'criminous clerks,' laying down that clerics must answer in a secular court for a crime at common law, but went further and attacked the whole edifice of papal authority in the English Church; no appeal in an ecclesiastical case should go beyond the Archbishop's court to the Pope as supreme arbiter without the King's consent, and no cleric should leave the country (this again aimed at stopping appeals to Rome) without the King's permission.   Though in many cases the Constitutions merely represent the codifying of existing practice, their effect as a whole was much more far-reaching.   To quote Speaight, "they would be an admirable charter for a national church,"[1] and Becket recognised the serious threat to his conception of a universal spiritual authority that was contained in the substitution of royal for papal authority, in however limited a sphere.   It is not clear whether Becket began by adopting an attitude of intransigent opposition, or whether, as some accounts suggest, he was ready to give formal compliance until the

[1] Speaight, *op. cit.*, p. 126.

Constitutions were for the first time put in writing on the third day of the Council, and he was asked to sign and seal the resulting document.  At all events, these few days stand out in the narrative of the Archbishop's career as his crucial *crise de conscience*: whatever compulsion there may have been, he did in some measure submit; and though Becket finally refused to put his seal to the document, this was only after he and the bishops had given their reluctant assent to the Constitutions.

This partial surrender to the secular power not only disappointed Becket's close friends and supporters; he himself was so overcome with remorse at his weakness that as an act of penance he abstained from celebration of Mass and other priestly functions until he received papal absolution.  But if the Pope was willing to give absolution for the Archbishop's 'forced' act of consent, he was not able to provide him with the effective support that Becket would have welcomed in his fight not only with the King but, increasingly now, with his own bishops.  An important consideration which must have helped to determine the outcome of the conflict, or at least to hasten its conclusion, is the fact that Pope Alexander III was in exile in France, the papal throne having been usurped by the 'anti-pope' Victor IV after the disputed election in 1159.  Since his rival was supported by the Emperor Frederick, with the weak Louis VII of France as his own main protector, Alexander was continually at pains to keep the support of the English crown, and Henry played on the weakness of the Pope's position unscrupulously and with great skill.  His original recognition of Alexander had had to be bought by a betrayal of Alexander's friendship with Louis of France, and now, after the Council of Clarendon, not only was the Pope unable to come to Becket's aid by roundly condemning the Constitutions, but he also found it expedient to grant the King's request to confer the office of papal legate not on the Archbishop of Canterbury but on Roger of York.

The next—and decisive—trial of strength between Henry and his Archbishop was the Council of Northampton in October 1164.  Becket was summoned to answer an appeal to the King by a baron, John the Marshal, from the Archbishop's court where a case had been heard in which John claimed he had not obtained justice. After some notable humiliations, Becket was found guilty by his peers and sentenced to pay a large fine; though all the bishops except Foliot stood surety for him. But the case of John the Marshal was no more than a pretext, and on the remaining days of the Council Becket was faced with a series of charges, calling him to account for sums of money he had had in his charge as Chancellor. Although he had been discharged of all civil obligations on becoming Archbishop, the King refused to accept this defence, and it became clear that he was determined to persecute his victim without mercy. The bishops were divided, several openly taking the King's side; and at the final session of the Council Becket was judged guilty of perjury and of treachery to the King. But the Archbishop refused to listen to the Earl of Leicester, delivering the judgment, and saying that he had been summoned on one charge only, and would hear no other, he seized his episcopal cross and strode out, accompanied by angry shouts and insults. By a circuitous route, and travelling incognito, he made for the coast of Kent, and at the beginning of November crossed to France, to begin his six years' exile.

The story of Becket's exile can be compressed into a brief space. He was given shelter and protection by Louis of France, and lived for the greater part of his exile at the Cistercian abbey of Pontigny. For the first four years there was no contact with Henry; this period was taken up with messages, proclamations and diplomatic missions on the part of King, bishops and exiled primate. Becket's moral position gradually became stronger and stronger, though his political situation varied with that of the Pope, whose fortunes improved and then sharply deteriorated, until in August 1167 the Emperor Frederick Barbarossa was in Rome and a second schismatic was enthroned as Pope. In 1167 and 1168 two legatine commissions were appointed by Alexander to examine the conflict between Henry and Thomas, and finally in January 1169 a meeting was arranged at Montmirail, in Maine. Here Thomas approached the King with great humility, asking his pardon and promising complete obedience but for the vital reservation "saving God's honour." Once more, his refusal to compromise made a settlement of the difference impossible, and it was indeed aggravated by the sentence of excommunication on Foliot, Bishop of London, which Becket succeeded in having pronounced in Saint Paul's Cathedral on Ascension Day 1169, and by Henry's retaliation, which took the form of measures to prevent contact of any sort between the English Church on the one hand, and the Pope and the Archbishop on the other; anyone infringing this order was to be regarded as a traitor, and the property of all who sided with the Archbishop was to be confiscated.

Further attempts at mediation produced a meeting at Montmartre in November, but this came to nothing when Henry refused to give the kiss of peace; and though at the next meeting, at Fréteval near Chartres in July 1170, a complete reconciliation appeared to be achieved, this was only under the threat of the papal interdict, and its effect was soon compromised by Henry's repeated refusal to give the kiss of peace. However, Becket was now formally assured of full restitution of his rights as Archbishop, and he was determined to return to England and enter into possession of these rights. It is clear that he was under no illusion as to the probable outcome, and contemporary accounts suggest that he had communicated his forebodings to his closest companions. He certainly abated none of his militant attitude on his return, and his arrival in England was preceded by letters of excommunication to the Archbishop of York and the Bishops of London and Salisbury. His landing at Sandwich on December 1st was interfered with by armed men of the bishops' party, but he was attended all the way to Canterbury by jubilant crowds of ordinary folk. He entered the city in the atmosphere of a popular triumph, and the homage and acclaim of his devoted flock were to sustain him throughout the remaining month of his life up to the assassination of December 29th, the details of which are so well known.

Responsibility for the murder is not easy to assign. Henry was at his court on the mainland, and it was there that the excommunicated bishops came to seek him out with the story that Becket was stirring up political trouble in England, the Archbishop of York incurring a particularly heavy share of the blame by declaring that the King would never have any peace as long as Thomas remained alive. At this Henry flew into an uncontrolled rage, and although the often-quoted "Who will rid me of this turbulent priest?" is apocryphal, contemporary accounts say that he cursed the "fools and knaves" by whom he was surrounded, whom he supported at his own table and yet who were too ungrateful to avenge him on this upstart clerk. The four murderers, knights of his household (Reginald FitzUrse, William de Tracy, Hugh de Morville and Richard Brito), set off at once and took ship for England before the King's anger could cool; and though Henry sent after them, giving an order for Becket's arrest, he was too late to undo the effect of his fateful words.

## II. THE LEGEND

The life and death of Thomas Becket are remarkably well documented by contemporary biographers. We possess accounts, written within a few years of his death by eye-witnesses of the assassination, biographies written by companions in exile such as his lifelong friend John of Salisbury, an objective chronicle by an anonymous monk, and a biography in verse by the Norman poet Garnier de Pont Sainte-Maxence. As a result, the modern scholar has little difficulty in arriving at an agreed record of the basic facts, and it is possible to say with some degree of certainty where the historical record ends and legend begins.

It is unfortunate, therefore, from the strict standpoint of historical accuracy, that Anouilh should have taken his documentation from a nineteenth-century historian who had neglected to distinguish fact from fancy, and whose account imposes on the story of Becket a subjective thesis for which there is no historical justification. The work in question is the *Histoire de la conquête de l'Angleterre par les Normands*, published in 1825 by Augustin Thierry. Thierry owes his considerable prestige as a historian to his vivid, imaginative re-creation of the past; his besetting fault was that he was incurably 'systematic' in his interpretation of past events, and in particular that he always tended to give a disproportionate importance to questions of racial origins and racial characteristics. It is in keeping with this general bias that he should have been ready to accept the suggestion, found for the first time in the anonymous thirteenth-century *Vie et passion de Saint Thomas*, that the Archbishop, "né pour le tourment de la race normande," was not descended from Norman stock, but was the son of a Saxon father and a Saracen mother. According to this version, Gilbert Becket, father of Thomas, had in his youth visited the Holy Land accompanied by a servant, called variously Ralph or Richard; captured by a Saracen Emir, he had inspired the love of his captor's daughter before escaping and returning to England. The Saracen girl, resolving to follow him and to offer herself in marriage, was said to have made her way across Europe knowing only the two words 'London' and 'Becket,' and to have been recognised in the streets of London by Gilbert's faithful servant. She was baptised a Christian, taking the name of Matilda, and Thomas was the first-born child of her marriage to Gilbert.

Obviously fictitious as this romantic episode clearly is,[1] the alleged Saracen ancestry of the future Archbishop is a superficial embellishment, and does not materially affect the interpretation of his career; the attribution of Saxon blood to Gilbert Becket is much more serious, since it leads to a fundamental misunderstanding on Thierry's part of the nature of Becket's opposition to Henry. He sees in it, not a quarrel between Church and State, so much as a particular illustration of the struggle between Norman oppressors and defeated Saxons; and it is not difficult to see how far this has coloured Anouilh's treatment of the theme.

[1] L'Huillier (*Saint Thomas de Cantorbéry*, Paris, 1891, Vol. I pp. 4–5) suggests very plausibly that the legend is to be explained by the fact that between the death of Becket and the writing of the *Vie et Passion* (which formed part of a *Quadrilogue* composed on the occasion of the translation of his relics in 1220), the Third Crusade had taken place. Saint Thomas had been regarded as a protector of the Crusaders at the Siege of Acre, and a new religious foundation on the site of Gilbert Becket's house in London was called Saint Thomas d'Acre.

Nevertheless, although the playwright has followed the historian very closely indeed for his version of certain episodes, and though it may jar on the reader to find Becket addressed so frequently as 'petit Saxon,' it would be wrong to suggest that even from the historical point of view Anouilh's interpretation of the historical events is completely invalidated. The struggle between the Archbishop and the King is not subordinated to the racial conflict between Saxon and Norman to anything like the same extent that it is by Thierry's thesis; and even if the Becket of Act I is predominantly inspired by historically inappropriate 'nationalist' feeling, in the remainder of the play this only assumes a very secondary importance, and Becket's primary concern—this is made clear by the play's subtitle—is to defend the concept of the universal Church against the encroachment of the secular authority.

In any case, the criterion of historical accuracy is of debatable value in judging a work which belongs to the province of imaginative literature. The English reader, familiar with the Shakespearean type of historical play in which a general fidelity to the objective record of events can be taken for granted, tends to give a good deal of importance to this criterion; his French counterpart much less so, for the great dramatic tradition of his country's classical literature is essentially anti-historic, and there are singularly few examples (one which comes immediately to mind is that of Musset in *Lorenzaccio*) of a French dramatist approaching history in the theatre in the manner in which Shakespeare approached the chronicles which provided his sources. Although a dramatist like Corneille habitually chose historical subjects for his plays, these were largely a pretext, a guarantee of verisimilitude, and he was not bound by respect for accuracy with regard to details: the historical figures were above all particular embodiments of universal truths. Anouilh may be said to adhere to this tradition, and it is in the same spirit that he has approached the historical account of the relationship between Becket and the King. *Becket* is not dramatised history, it is a poetic (in the sense of imaginative) presentation of the sort of conflict in which Anouilh has throughout his career shown himself to be interested, a kind of conflict with which the historical episode offered sufficient analogy for the playwright to be able to use it to give concrete embodiment to this particular dramatic expression of a characteristic theme. From his beginnings in the theatre, Anouilh has indeed made a particular kind of theme his own, and it is essential to look back to the preceding plays in order to understand the choice of subject in *Becket*.

## III. ANOUILH'S THEATRE

Jean Anouilh was born at Bordeaux in 1910; his father was a tailor and his mother a violinist, who played in the Casino orchestra at Arcachon. Although he had begun writing earlier —his *juvenilia* have not been included in his published work—his real connection with the theatre began in 1931 when he became secretary to the actor-producer Louis Jouvet. In the same year the play *L'Hermine* was produced, and Anouilh married the actress Monelle Valentin, who was to play the title-rôle in the memorable production of *Antigone* in 1944. His success in the theatre was slow in coming, and it was only in 1937 and 1938 with the productions of *Le Voyageur sans bagage*, *La Sauvage* and *Le Bal des Voleurs* that he began to make his name. By the end of the war *Léocadia* (1940), *Le Rendez-vous de Senlis* (1941), *Eurydice* (1941) and *Antigone* (1944) had been produced, with *reprises* of *Le Bal des Voleurs* and *Le Voyageur sans bagage*; since the war years his reputation has been firmly established, and his output has been considerable. The following are the dates of production of his remaining plays (apart from a few slighter works, which the author has not seen fit to publish): *Roméo et Jeannette* (1946), *L'Invitation au Château* (1947), *Ardèle ou la Marguerite* (1948), *Médée* (1948), *La Répétition ou l'Amour puni* (1950), *Colombe* (1951), *La Valse des Toréadors* (1952), *Cécile ou l'École des Pères* (1952), *Jézabel* (1952, though written as early as 1932), *L'Alouette* (1953), *Ornifle ou le Courant d'air* (1955), *Pauvre Bitos ou le Dîner de Têtes* (1956), *L'Hurluberlu ou le Réactionnaire amoureux* (1959) and *Becket ou l'Honneur de Dieu* (1959). The most recently published play, which has however not yet been produced, is *La Foire d'Empoigne*.[1]

No reader can penetrate far into Anouilh's theatre without being struck by 'family likenesses' between the individual plays; the recurrence of similar themes, characters and human relationships, the echoing of ideas and sentiments from one play to another, and even instances of 'self-quotation' on the author's part, soon become familiar characteristics. For the reader who is seeking to establish an analytical classification of his plays, Anouilh himself has provided a starting-point by grouping them under various titles for the purpose of publication. The first two of these collections, *Pièces roses* and *Pièces noires*, seem, as Mr E. O. Marsh observes, to have been suggested by Shaw's *Plays Pleasant and Unpleasant*[2]; they have been followed by *Nouvelles Pièces noires*, *Pièces brillantes*, *Pièces grinçantes* and most recently *Pièces costumées*, the collection to which *Becket* belongs. Whether or not one agrees with the allocation of each individual play to the particular group in which it is included, the basic distinction is clear enough: by *pièces noires* (and with some reservations *pièces grinçantes* may be included in this category) Anouilh means plays which present a pessimistic or—perhaps begging the question —a tragic view of life, whilst *pièces roses* and (again with some reservations) *pièces brillantes* are by contrast optimistic in tone; one of the characteristic features of the *pièce costumée* may be said to be that it cannot be pigeon-holed as easily as its predecessors. Anouilh has avoided the conventional labels 'tragedy' and 'comedy': partly, no doubt, because they were unfashionable in the *avant-garde* theatre in which he received his literary formation, as smacking too much of conservatism and academicism, but also because few of his plays are, in fact, examples of pure tragedy or pure comedy. *Antigone* or *Médée*, pure tragedies in the modern idiom like Cocteau's *La Machine infernale*, are

---

[1] Since this edition was prepared for the press, *La Foire d'Empoigne* has been produced in Paris, while Anouilh's latest play, *La Grotte*, was also produced and published in the same year (1961).

[2] E. O. Marsh, *Jean Anouilh, Poet of Pierrot and Pantaloon* (W. H. Allen, 1953), p. 18.

exceptions in his theatre; an exception of another sort is *Eurydice*, where the echoes of the classical legend and the use of the supernatural communicate an atmosphere of tragic foreboding from the first scene onwards. More characteristic, however, are plays such as *Le Voyageur sans bagage*, where the whole development of the action up to the final scene appears to be leading towards a completely pessimistic conclusion, until with what seems to be a sudden *volte-face* the author imposes a happy ending (this play is included in the *Pièces noires*, though its ending might be said to class it as a *pièce rose*) or *La Répétition ou l'Amour puni*, where a savage dénouement is imposed on a play whose tone up to that point has been one of urbane triviality.

It is with the repeated use of similar themes and repeated variations on the same basic characters that Anouilh puts his own stamp on his plays. The predominant theme in his early theatre is the confrontation of the individual possessed of an ideal,[1] a need for purity and sincerity, with the conventions, the compromises, the pretences and the falsehoods on which society is based. It is important that this idealism should not be considered as a *moral* quality in the normal sense, and for this reason 'integrity' is perhaps a better term than 'purity': Médée in the play of that name, Frantz in *L'Hermine* and Jeannette in *Roméo et Jeannette*, all morally reprehensible, are presented in a sympathetic light in their struggle to live unhampered by the conventions of the world about them, to live an independent and therefore a complete existence.[2] *Antigone* presents this theme at its simplest: the heroine personifying independence, sincerity and idealism, in conflict with Créon's prudent realism; although Créon is prepared to pardon her for having buried her dead brother in defiance of his orders, Antigone will not accept his offer of a future of tranquil happiness:

[1] Or, "*obsessed with* an ideal": cf. S. John, "Obsession and Technique in the Plays of Jean Anouilh" in *French Studies*, April, 1957.

[2] An interesting comparison has been suggested in this respect between the idealism of Anouilh's heroes and the concept of *gloire* in Corneille's theatre. See J. Anouilh, *L'Alouette*, ed. J. M. Thomas and S. Lee (Methuen, 1956), p. 23.

> Quel sera-t-il mon bonheur? Quelle femme heureuse deviendra-
> t-elle, la petite Antigone? Quelles pauvretés faudra-t-il qu'elle fasse
> elle aussi, jour par jour, pour arracher avec ses dents son petit lambeau
> de bonheur? Dites, à qui devra-t-elle mentir, à qui sourire, à qui se
> vendre? Qui devra-t-elle laisser mourir en détournant le regard?

To take another example: Thérèse, the heroine of *La Sauvage*, refuses to accept the happiness offered to her by marriage with her rich and talented fiancé Florent, as a means of escape from her sordid surroundings, and like Antigone she chooses, emotionally and illogically, the path of self-sacrifice:

> J'aurai beau tricher et fermer les yeux de toutes mes forces... Il y
> aura toujours un chien perdu quelque part qui m'empêchera d'être
> heureuse.

The dramatic crisis, in this series of plays, is the predicament of hero or heroine, forced to choose between two sets of values: their own desire for absolute purity, based on instinct rather than reason, admitting of no compromise, and the values of the world about them, at worst corrupt, hypocritical and venal, at best complacent and content with a life of blinkered security. The dilemma is solved, now in a pessimistic sense by the defeat of idealism and purity (*La Sauvage*, *Antigone*—the fact that the 'defeat' is voluntary in these plays does not make the tragic force any less—*Eurydice*, *Jézabel*, *Médée*, *Colombe*, *La Répétition*, *Roméo et Jeannette*), now in a victory for purity and innocence, or in the granting of a 'second chance', the opportunity to start afresh, to the hero whose ideals have been tarnished by contact with life (*Le Rendez-vous de Senlis*, *Le Voyageur sans bagage*, *L'Invitation au Château*, *Léocadia* or *Le Bal des Voleurs*).[1]

The theme of the 'second chance' is found in both types of play, but the cases in which this opportunity is denied to, or refused by, the hero, are not only the most numerous, but also carry more conviction than those in which the possibility of a fresh start is vouchsafed. For one of the characteristics of the

[1] It will be seen that this division by 'happy' or 'unhappy' ending does not correspond exactly to the *noir-rose* classification. See Bibliography, p. 39.

*pièces roses* is a remoteness from reality which makes them appear rather exercises of a poetic imagination than valid comments on human relationships; and though it is true that Anouilh's use of classical themes in *Antigone*, *Eurydice* or *Médée* confers on those plays a certain poetic idealisation, their 'message' is none the less much more direct and forceful. *Le Bal des Voleurs* is a lighthearted charade, *L'Invitation au Château* and *Léocadia* have a strong element of fantasy, to which bizarre details of plot, the use of extravagant characters and a conventional romantic dénouement all contribute; and *Le Voyageur sans bagage*, while it is much more outwardly realistic, is only rescued from pessimism at the last moment by a most artificial ending of the *deus ex machina* type. *Le Rendez-vous de Senlis* alone of the plays belonging to the *rose* type, presents the characteristic theme in the down-to-earth manner of the *pièces noires*, and yet leads up to a plausibly optimistic ending.

Georges, the hero of this play, has met a young girl, Isabelle, for whom he feels an ideal love which inspires in him a revulsion from the deceit and turpitude of his existence—a marriage without love, in which he, his parents, his friend Robert and Robert's wife Barbara (who is Georges' mistress) all live as parasites on his wife's money. All this he hides from Isabelle, but when circumstances lead to an exposure of the truth about his double life, Isabelle's faith gives him courage and the determination to turn his back on his squalid past and make a fresh start. It is noticeable that in this play the word *bonheur* is used with an entirely different connotation from that which it possesses in the *pièces noires*: compare the last words exchanged by Georges and Isabelle:

> GEORGES, *la regarde; il murmure avec un sourire effrayé.* Vous êtes terrible, Isabelle...
>
> ISABELLE, Je suis le bonheur. Et c'est toujours un peu terrible, le bonheur.

—where *bonheur* is envisaged as something challenging and heroic—with the more characteristic attitude expressed in the opening lines of *Médée*, in the passage quoted above (p. 23) from

*Antigone*, or in this passage spoken by the heroine in the same play:

> Vous me dégoûtez tous avec votre bonheur! Avec votre vie qu'il faut aimer coûte que coûte. On dirait des chiens qui lèchent tout ce qu'ils trouvent.

The following passage from *La Sauvage* develops the same sentiment (note the exact repetition of the first phrase):

> Vous me dégoûtez tous avec votre bonheur! On dirait qu'il n'y a que le bonheur sur la terre. Hé bien, oui, je veux me sauver devant lui. Hé bien, oui, moi, je ne veux pas me laisser prendre par lui toute vivante. Je veux continuer à avoir mal et à souffrir, à crier, moi!

Arbitrary and gratuitous as this attitude must seem when such passages are quoted in cold blood out of their context, it is made to appear plausible in its dramatic context by the consistent logic with which character and situation are handled. Though we should not expect such behaviour in real life, we are compelled to accept it as valid for the duration of the play in that atmosphere of heightened tension, with larger-than-life characters and exaggerated attitudes, which is perfectly proper in the theatre. The key to this dramatic tension is perhaps best seen in these words spoken by Monsieur Henri in *Eurydice*:

> Il y a deux races d'êtres. Une race nombreuse, féconde, heureuse, une grosse pâte à pétrir, qui mange son saucisson, fait ses enfants, pousse ses outils, compte ses sous, bon an mal an, malgré les épidémies et les guerres, jusqu'à la limite d'âge; des gens pour vivre, des gens pour tous les jours, des gens qu'on n'imagine pas morts. Et puis il y a les autres, les nobles, les héros. Ceux qu'on imagine très bien étendus, pâles, un trou rouge dans la tête, une minute triomphants avec une garde d'honneur ou entre deux gendarmes selon: le gratin.

Anouilh's most characteristic heroes and heroines are drawn from this chosen company who, having once breathed a rarer atmosphere, cannot again come down to the humdrum business of living like the rest of the world. To quote Antigone again:

> Moi, je veux tout, tout de suite, — et que ce soit entier, — ou alors je refuse! Je ne veux pas être modeste, moi, et me contenter

d'un petit morceau si j'ai été bien sage. Je veux être sûre de tout aujourd'hui et que cela soit aussi beau que quand j'étais petite — ou mourir.

So they accept the challenge, and choose the adventurous, difficult path, whether this leads to life or to death. As has already been shown, death or defeat is nearly always the outcome, but so long as it is defeat voluntarily accepted by the hero in defiance of the world, it rounds off the play in a manner which is poetically satisfying: it is possible for us to feel that there is a point of view from which these heroes obsessed with absolute values are not to be pitied as victims, but envied for the privilege of living in a more exalted atmosphere. When, on the other hand, it is a real case of defeat, when the materialism and corruption of the world prove too strong for the purity and idealism of the hero, then the impression left by the dénouement is not one of uplift but of profound disillusionment and pessimism, and it is on such plays that Anouilh's reputation for cynicism is based.

The early *Jézabel* may be seen as a compromise between the two types of dénouement: Marc, the hero, seeks to escape from the characteristically ignoble family environment—the sensuous, slatternly mother, the abject father who connives at his wife's promiscuous affairs—and his pure love for Jacqueline offers him the chance of escape. The situation is repeated in *La Sauvage* with the sexes reversed, Marc's situation being exactly that of Thérèse. But where Thérèse's rejection of her chance of happiness is wholly voluntary, the corresponding decision by Marc seems only partly so: the culminating humiliation comes when his mother virtually murders his father by not removing a poisonous mushroom from his food, and this so overwhelms Marc's resistance that, although Jacqueline is still ready to love him, he turns her from him by declaring that he was his mother's accomplice in the murder; though his renunciation of happiness is actually voluntary, it seems forced on him by circumstance and not, to the same extent as with Thérèse, the gratuitous act of a free agent.

Another sort of compromise is presented in *L'Alouette*, the play on the subject of Joan of Arc, where the dénouement focuses attention not on the Maid's defeat at the hands of materialism and cynicism, but on the coronation of Charles, Joan's triumph at Reims representing her permanent glory:

> La vraie fin de l'histoire de Jeanne, la vraie fin qui n'en finira plus, celle qu'on se redira toujours, quand on aura oublié ou confondu tous nos noms, ce n'est pas dans sa misère de bête traquée à Rouen, c'est l'alouette en plein ciel, Jeanne à Reims dans toute sa gloire... La vraie fin de l'histoire de Jeanne est joyeuse, Jeanne d'Arc, c'est une histoire qui finit bien!

Disillusionment is more thoroughgoing in *Colombe* and *La Répétition*. In the former play Julien, the idealistic son of a great actress, who hates the intriguing and the insincerity of the theatrical milieu in which he has been brought up, loses his wife, the *ingénue* Colombe, when she succumbs to the glamour, the flattery and the easy virtue of his mother's world and becomes his brother's mistress. In *La Répétition* the Count, bored with a successful marriage of convenience and a succession of transitory love-affairs, has a chance to break away and start again with the fresh and innocent Lucile, but he is robbed of his chance, and her innocence and trust are brutally shattered, when she is seduced by a cynical libertine at the instigation of the Countess.

It must not be thought that this constant repetition of themes and situations means that there is no development to be observed in Anouilh's theatre. The plays which have been considered so far are for the most part the earliest written, and later plays show a distinct shifting of emphasis, or of sympathy, even though the characters and relationships are still recognisably the same. Mr Marsh has drawn attention to the importance of *Médée* in this respect:

> Anouilh here for the first time casts doubt on the virtue of rebellion, asserts that the constant refusal of other people's values is a vain attack on humanity, and admits that there is a lot to be said after all for resigning oneself to compromise and accepting life without resistance.[1]

Whilst the heroine of this play, one of the elect, self-sufficient and arrogant, embodying the familiar intransigent opposition

[1] Marsh, *op. cit.*, p. 132.

to the values of the world about her, remains a sympathetic character, her husband Jason also has our sympathy when he says to her:

> Poursuis ta course. Tourne en rond, déchire-toi, bats-toi, méprise, insulte, tue, refuse tout ce qui n'est pas toi. Moi je m'arrête. Je me contente. J'accepte ces apparences aussi durement, aussi résolument que je les ai refusées autrefois avec toi. Et s'il faut continuer à se battre, c'est pour elles maintenant que je me battrai, humblement, adossé à ce mur dérisoire, construit de mes mains entre le néant absurde et moi.

The two sides are more evenly balanced here than in *Antigone*; in the earlier play, if Créon's argument has the approval of our reason, it is Antigone who has our emotional sympathy, whereas here our sympathy is shared between the two protagonists.

*Colombe* reveals a more significant development still, for Julien, the 'hero' according to the characteristic treatment of the theme, the virtuous rebel against the corruption represented by his mother, is too rigid and inhuman to be really sympathetic, whereas his unfaithful wife Colombe, for all her egoism and amorality, is a warm-hearted, attractive character. Though one might not agree with Mr Marsh that "Anouilh appears in *Colombe* to show a need to laugh mercilessly at the things he had found so important hitherto," it is true that, as he says, the author "shows more understanding for infirmity than ever before." [1] Compared with *Antigone*, it is as if the roles of the protagonists had been reversed in *Colombe*: now it is the 'hero' who commands our intellectual approval, whilst his opponent is endowed with more human sympathy; idealism not only is defeated, but cannot succeed in making itself attractive.

From this point on, the 'hero' (according to the dialectical pattern of Anouilh's earlier plays) becomes progressively less sympathetic, while to balance this a more charitable and understanding picture is presented of the 'worldlings,' the materialists and sensualists. This tendency may be illustrated by a comparison between two plays with similar settings, and which even

---

[1] Marsh, *op. cit.*, p. 163.

have some characters in common: *Ardèle ou La Marguerite*, performed in 1948 but included with later plays in the collection *Pièces grinçantes* (1956), and *La Valse des Toréadors*, produced in 1952 and published in the same volume. The former play presents the contrast between one example of ideal, pure love untarnished by the world, and the pretence, falsehood and moral turpitude which disfigure the love-affairs of the rest of the characters. Ardèle, a hunchbacked spinster, represents the ideal: she has suddenly, late in life, fallen in love with another hunchback, and a council is called to decide what steps can be taken to prevent her bringing ridicule on the family—all the members of which, in place of the ideal, have substituted what we are meant to see as the common coinage of love: an amalgam of vanity, jealousy, habit, weakness and crude lust. Nicolas, the only other character still retaining a belief in ideal love, tells her:

> Il faut aimer. Il faut aimer contre eux, tante Ardèle! Il faut aimer contre tout! Il faut aimer de toutes vos forces pour ne pas devenir comme eux!

—but Ardèle and her lover are forced to choose suicide as a way out, so overwhelming are the materialism and self-interest which confront them. *La Valse des Toréadors* retains two of the characters from *Ardèle*: the Général St Pé, for years devotedly attached to his bed-ridden wife, but who sleeps with each new parlour-maid, and the Générale, whose pathological jealousy of her husband has made an invalid of her. Farce is substituted for the irony of *Ardèle*, and here the victim of unattainable ideals is frankly ridiculous: it is the General himself, who besides his relationship with his wife and his promiscuous physical amours, has cherished an ideal love for a girl he met seventeen years before at a cavalry ball; now, when circumstances make him desire to seize his chance of a 'fresh start' with her, he finds it is too late: she goes off instead with his young secretary. In this play, though I think not in *Ardèle*, it seems to be true that, as Mr John says: "Anouilh jeers at his own ideals out of despair of seeing them realised."[1]

[1] John, *op. cit.*, p 114.

Whereas some of the early plays are extremely moving at their tragic climax, *Ardèle* and *La Valse des Toréadors* avoid the tragedy implicit in defeated idealism; both plays are typical of Anouilh's later theatre in that they show the author avoiding the emotional consequences of a tragic identification, on the reader's or the spectator's part, with the hero or heroine. *La Valse des Toréadors* perhaps offers the clearest example of this: the General is a ridiculous character, whose discomfiture is attended by farcical circumstances; in *Ardèle* the heroine is remote, not only because she is a hunchback in love with a hunchback, but still more because she never appears: she remains shut in her room, and the other characters converse with her through the locked door. Irony is the predominant note of this play, and it evokes an intellectual rather than an emotional response.

The remaining plays of the collection *Pièces grinçantes*, *Ornifle* and *Pauvre Bitos*, mark the culmination of what might be called the second phase of Anouilh's career as a dramatist. In *Ornifle* he has produced a new version of the Don Juan legend, as treated by Molière, and the result is a play which, of all the variations he has so far produced on his own particular theme, shows perhaps the freshest and most original treatment. For this time the central character, Ornifle, belongs not to the family of Anouilh's elect, but to the line of masterful opponents against whom they pit themselves: the impresario Dulac of *Eurydice* and Julien's mother, Madame Alexandra of *Colombe*, provide the closest parallels, though the same dialectical function is fulfilled by such characters as the two Créons, in *Antigone* and *Médée*, or Georges' family and friends in *Le Voyageur sans bagage*. Ornifle is the consummate libertine, the sensualist who by his energy raises to heroic proportions the hypocrisy, selfishness and materialism which remain in most of Anouilh's plays the attributes of his weak, cowardly, ignoble characters. He has gone through life seeking pleasure with a single-mindedness which puts him on the same level as an Antigone or a Médée:

J'ai horreur des excuses et de la facilité. Cela paraît drôle dans ma bouche, mais, une fois sur deux, je n'ai péché que par rigueur...

Vous croyez que c'est toujours drôle une vie de plaisir? Cent fois
j'aurais préféré aller me coucher avec un bon livre... mais je me disais:
non.   Tu as eu envie d'elle, mon bonhomme, tu l'auras!

We are bound to condemn him, like Molière's Don Juan, but
we cannot help admiring him as he rides roughshod over the
weak characters, or dupes those who are more simple-minded
than himself.   There are two representatives of 'purity' in the
play, fulfilling the same dramatic function, approximately, as
Molière's Sganarelle: Mlle Supo, Ornifle's secretary, plain and
virtuous, who adores him in spite of his character and hopes one
day to be the instrument of his spiritual regeneration, and Fabrice,
his illegitimate son, who turns up out of the blue full of intransigent idealism, intending to shoot him in order to avenge his
mother's honour; both are drawn as ridiculous and ineffective.
Ornifle's final villainy is a scheme to seduce Fabrice's fiancée, but
he is struck down by Providence, like Molière's hero, with his
crowning villainy unfulfilled.   This might be construed as a
victory for the spiritual values he has flouted, but it is so arbitrary
a dénouement that this impression cannot prevail against the
predominantly cynical tone of the play.

   This cynicism is intensified in *Pauvre Bitos*, a play in which
none of the principal characters can be called sympathetic and
where the humanity, though it is none the less real, remains
implicit in the portrayal of a conflict between wealthy, self-
seeking capitalists and a doctrinaire socialist in whom idealism
has become inhuman fanaticism.   Bitos himself is by far the least
sympathetic of Anouilh's heroes to date, though Fabrice of
*Ornifle* and especially Julien of *Colombe* are cast in the same
mould.   But Fabrice, ridiculous though he may appear, has
a youthful naivety which is not without its attractive side, and
his idealism is thoroughly worthy; he is loved by the sympathetic
Marguerite.   Julien is priggish, but his ideal is an admirable one,
and he is capable of living up to it; he has been loved, and indeed
is still loved, in her own way, by the wayward Colombe.
Bitos, however, is the cold, dispassionate servant of the abstract
ideal of Justice: unloved himself, he has no love for his fellow-
men.   "Je hais encore les hommes": it is as Robespierre in

the dream-interlude of Act II that Bitos makes this admission, but it is equally true of the Bitos of the rest of the play, and the attitude is developed in a later passage:

> Je n'ai pas d'ami... La poigne... c'est ma seule amie. Faire ce qui se doit durement, contre tous... Mais je n'aime personne. Même pas le peuple. Il pue. Il pue comme mon père qui me cognait dessus et comme les amants de ma mère qui ont continué après, quand il est mort.

Though this has a recognisable Anouilh flavour, there is nowhere else in his theatre a hero so lacking in human warmth. Were this all, we might still retain a grudging admiration for the character, in spite of his inhumanity, on account of the devotion to principle, the solitary fight against privilege and corruption, but in the last act this idealistic bubble is cynically pricked, and the hero is deflated and debased, when Bitos shows himself ready to come to terms with the men whose values he detests. Here for the first time in Anouilh, virtue and idealism are worsted *within* the character himself, by the failings of vanity and ambition.

It is thus possible to discern two phases in Anouilh's career up to this point. In the first, we have a straightforward treatment, in various contexts, of the theme of intransigent idealism in a world of baser values, with no ambiguity as to where the author's sympathies lie. It is not possible to make an absolute chronological division, but from about 1949 or 1950 onwards, the familiar theme seems to be treated in a more equivocal manner, with a greater readiness to accept human weakness and fallibility, and a correspondingly cynical and disillusioned view of idealism. The apportioning of sympathy among the characters is consequently much less predictable, as is well illustrated by the two plays last dealt with. The next work, *L'Hurluberlu*, however, produced after an interval of over two years, contrasted most forcibly with *Pauvre Bitos*: its central figure is yet another retired General (cf. *Ardèle* and *La Valse des Toréadors*), but he is for once a thoroughly sympathetic character; if we laugh at him, it is affectionately, and with a certain regard for

his old-fashioned principles and rather dubious ideals. Here
the fierce black-and-white dialectical opposition has given way
to a charitably mellow, philosophical study of human limitations. Gabriel Marcel has written à propos of *L'Hurluberlu*:
"J'ai l'impression qu' (Anouilh) s'est cette fois libéré de ce qu'on
ne pouvait guère manquer d'appeler ses complexes et qu'il a
accédé à un niveau d'humanité qu'il n'avait jamais peut-être
tout à fait atteint."[1] Nevertheless, it must be observed that
this play belongs to the lighter side of Anouilh's theatre (Mr
Harold Hobson, for instance, has referred to it as a "*pièce rose*—
or at least *demi-rose*"), and perhaps what appears to be a significant mellowing of the author's attitude is really no more than the
transposition into a lighter key for the sake of artistic variety
of the sombre theme of much of his recent work: we are still
concerned with tarnished ideals and impotent idealists, but a
good-humoured realism has been substituted for the bitterness
and cynicism of *Ardèle*, *Colombe* or *Pauvre Bitos*.

In *Becket*, on the other hand, the hero comes into his own again,
and we return to the clear-cut values of *La Sauvage*, *Antigone* or
*Eurydice*. What Anouilh has recognised in Augustin Thierry's
historical account is first and foremost the well-defined dialectical
opposition of his early plays between idealism and materialism,
between comfortable acceptance and intransigent refusal. But
where the idealist's refusal in plays like *Jézabel* and *La Sauvage*,
and particularly in *Antigone* and *Médée*, had been almost entirely
arbitrary and subjective in its motivation, Becket makes his
stand in the name of a cause greater than himself. The hero at
once becomes less detached, more authentically sympathetic, and
a new dimension, as it were, is added to the play—a dimension
which had been missing from all his previous theatre except
*L'Alouette*.

## IV. The Play

In fact, *Becket* has a good deal in common with *L'Alouette*.
Though they are not quite the author's only plays with a

[1] In *Les Nouvelles littéraires*, 12. ii. 59.

B

historical subject (the central act of *Pauvre Bitos* and, more recently, *La Foire d'empoigne* have dealt respectively with the Revolutionary and Napoleonic periods), the fact that in both of them Anouilh has been attracted by a remote subject from mediaeval history, and a subject in each case embellished by legend, gives them an obvious affinity.    In both cases, moreover, his principal source was a nineteenth-century historian with a Romantic temperament, for Michelet in the case of Joan of Arc, like Thierry in that of Becket, helped the playwright towards a selective and romanesque view of the historical events concerned.    Both plays have a highly episodic construction, and contain a somewhat arbitrary selection of incidents from the career of the hero.    In both, the chronological sequence of time is significantly dislocated, so that the events of the drama are enclosed in a framework, and the intention seems in each case to be similar; in *L'Alouette* it is stated explicitly: it is to avoid the direct impact of the tragedy, so that the story of Joan becomes "une histoire qui finit bien."    In *Becket* too we are first introduced through the penitent King to the already canonised martyr, and the 'prologue' and 'epilogue' serve to remind us, if less clearly than in the case of *L'Alouette*, that Becket's story is also "une histoire qui finit bien."    By this device, the tragic involvement of reader or spectator with the martyred hero is minimised: the story of Becket or of Joan is presented as it were at one remove, and the effect is prevented from being a fully tragic one.

It is not therefore on the appeal of Becket as a tragic hero that the play depends, and recognisably similar as the character obviously is to earlier idealist heroes, we do not feel emotionally involved with him as we do for instance with Thérèse (in *La Sauvage*) or Antigone.    It may well be that the subject of a Christian tragedy, centred on the death of a willing martyr, must necessarily preclude such a tragic appeal: Corneille's *Polyeucte* would suggest that this is so, and Eliot's *Murder in the Cathedral* is also a case in point.    Nor does *Becket* offer us, however, the peculiar interest provided by *Murder in the Cathedral*, where we are asked to reflect on the intellectual problem posed by martyrdom. There is only one speech in Anouilh's play in which the problems of integrity and purity of motive, which beset Eliot's hero, are envisaged: doubt and mistrust of self are essentially foreign to Anouilh's Becket (as they are to Polyeucte). What we are really given is a display of attitudes: Becket the Chancellor contrasted with the English barons; Becket the Archbishop contrasted with the bishops, with the Pope; and above all, the recurring contrast with the King, which gives the play its principal dramatic force.

To achieve the particular contrast he desired, the author had to make a considerable alteration in the historical character of the King. He was certainly helped in this by Thierry's account, but we can see too how these changes derive from Anouilh's own habits of thought and creative processes. Whereas his historical counterpart was civilised and cultured, Anouilh's Henry is an earthy sensualist, given to crude speech and violent action, whose literary ancestry can be traced back through the author's whole theatre. At first sight, particularly to the reader who is dependent on the text of the play, it may seem that the King is almost a caricature of Anouilh's 'worldlings'; but beneath the surface vulgarity there is much more than this, and in fact the part is written with considerable subtlety. For it is the coarse, brutish barons who really represent the caricatural extreme, and Henry is the middle term between them and Becket: while he drinks and carouses with his barons, he has aspirations towards the culture and refinement that are identified with Becket, in whom he sees his better self. He is the *homme moyen sensuel* in kingly form, a representative of common humanity conscious of his limitations and his failings in a way which was foreign to the materialists and sensualists of Anouilh's early plays. In the theatre he appears as a most plausible character, and M. Daniel Ivernel, who created the part at the Théâtre Montparnasse, seized most admirably the chances which it provides. Here is the real strength of the play: the compellingly sympathetic (in the sense of human and understandable) portrait of the King, and the powerful development of the relationship between the two characters, highly charged with emotional tension by the frustrated love of the

King. Gabriel Marcel, reviewing the play in *Les Nouvelles littéraires*, stresses this point:

> J'ai insisté bien souvent sur les extraordinaires difficultés que présente le drame historique. *Becket* constitue sous ce rapport un véritable tour de force. Le grand mérite de l'ouvrage, c'est qu'il est rigoureusement centré, non sur un personnage, mais sur une relation, celle qui lie Henri II Plantagenêt et Thomas Becket. C'est l'évolution surprenante de cette relation qui se poursuit à travers toute la pièce: ainsi est évitée l'impression de dispersion que provoque inévitablement une chronique historique portée à la scène.[1]

In *L'Alouette*, by contrast, this dramatic tension is lacking: the protagonists facing Joan are important for what they represent rather than as characters in their own right, and the result is something of a historical pageant, lacking in the dramatic shape which *Becket* abundantly possesses.

Thus the framework of prologue and epilogue is very closely related to the play's main theme—the interaction of the lives of two men—and if the final picture of the King's hypocrisy cheapens the conception of the royal penitent, it is an interpretation which is wholly consistent with the character of Henry presented in the play: a proud, weak, wilful character whose love for another man has exposed him to humiliation and suffering. Even if he is, to quote a review of the play, "le plus humain des êtres avilis tels que les conçoit Anouilh,"[2] he is still one of the weak and worldly characters, and in terms of Anouilh's dialectic he is on the wrong side: though we understand the King, we cannot but support Becket in his opposition. And how very much more straightforward the play is than many of its predecessors from this point of view; for once, there is no conflict between our emotional and our intellectual sympathies: instead of a lonely idealist fighting an arbitrary battle against conventional values, we have a conventional hero, characterised by simplicity and humility, and possessing that *solidarité* with humanity as a whole which had been so lacking from some of Anouilh's

[1] *Les Nouvelles littéraires*, 15. x. 59.
[2] B. Poirot-Delpech, in *Le Monde*, 7. x. 59.

heroes. The consequent gain in terms of dramatic effect is tremendous, and this must largely account for the play's long, successful run.

In addition, the play is excellent theatre, in all senses of the word; it exemplifies that technical skill which has always been the hallmark of even the author's less successful plays. The staging is at many points quite masterly, the quick succession of scenes obviously owing a good deal to the influence of the cinema: the visual appeal of the setting for the interview between Becket and the King in Act IV (p. 128) or the 'cutting' of the assassination scene, followed by the scene of the King's penance (p. 147) are particularly striking examples of this. The episodic construction sometimes produces an abrupt change in tone: thus the ludicrous scene between the Pope and the Cardinal is followed by Becket's sincere and moving prayer which ends Act III; and in general the consideration of the play as a varied and quick-moving spectacle must be an important element in the assessment of its total aesthetic appeal.

The dialogue too is most effective, ranging from the highly comic opening to the second Act with the barons talking at cross-purposes like music-hall comedians, to the simple rhetoric of Becket's prayers, or the emotional appeal of the scene in which Gwendoline appears. In all Anouilh's plays, the language tends to be racy and down-to-earth, with a strong popular flavour: as in the other plays on historical and legendary subjects, so here too in *Becket*, by means of deliberate anachronisms, and by modern colloquialisms and turns of phrase, history is domesticated and presented in everyday terms, so that a valid connection is established between the historical characters and events portrayed and our own times. Above all, the dialogue is *theatrical* in the best sense of the word: colourful and vivid, it incarnates dramatic action with considerable economy, and possesses the intangible quality of being just sufficiently larger than life to make the characters plausible and convincing on the stage.

# SELECT BIBLIOGRAPHY

## 1. The Historical Subject

Augustin Thierry, *Histoire de la conquête de l'Angleterre par les Normands* (Paris, 1825).

*The Cambridge Mediaeval History* (Cambridge University Press, 1911–36), Vol. V, chapter xvii: "England: Henry II," by Doris M. Stenton.

W. H. Hutton, *Thomas Becket, Archbishop of Canterbury* (2nd Edition, Cambridge, 1926).

T. S. Eliot, *Murder in the Cathedral* (Faber, 1935).

R. Speaight, *Thomas Becket* (Longmans, 1938).

## 2. Anouilh's Theatre

*Pièces noires* (*L'Hermine, La Sauvage, Le Voyageur sans bagage, Eurydice*). Calmann-Lévy, 1942.

*Pièces roses* (*Le Bal des Voleurs, Le Rendez-vous de Senlis, Léocadia*). Calmann-Lévy, 1942.

*Nouvelles pièces noires* (*Jézabel, Antigone, Roméo et Jeannette, Médée*). La Table ronde, 1947.

*Pièces brillantes* (*L'Invitation au Château, Colombe, La Répétition ou l'Amour puni, Cécile ou l'École des pères*). La Table ronde, 1951.

*Pièces grinçantes* (*Ardèle ou la Marguerite, La Valse des Toréadors, Ornifle ou le Courant d'air, Pauvre Bitos ou le Dîner de Têtes*). La Table ronde, 1956.

*Pièces costumées* (*L'Alouette, Becket ou l'Honneur de Dieu, La Foire d'Empoigne*). La Table ronde, 1960.

*L'Hurluberlu, ou le Réactionnaire amoureux*. La Table ronde, 1959.

## 3. Critical Works, Articles etc.

H. Hobson, *The French Theatre of To-day* (Harrap, 1953).

H. Gignoux, *Jean Anouilh* (Éditions du temps présent, 1946).

E. O. Marsh, *Jean Anouilh, Poet of Pierrot and Pantaloon* (W. H. Allen, 1953).

W. M. Landers, Introduction to J. Anouilh, *Antigone* (Harrap, 1954).

S. John, "Obsession and Technique in the Plays of Jean Anouilh" in *French Studies*, Vol. XI, no. 2 (April, 1957).

G. Marcel, "De *Jézabel* à *Médée*: le Tragique chez Jean Anouilh" in *Revue de Paris*, June, 1949.

# BECKET

*ou*

*L'Honneur de Dieu*

# PERSONNAGES

Le Roi
Les Fils du Roi

Thomas Becket

L'Archevêque
Gilbert Folliot, *évêque de Londres*
L'Évêque d'Oxford
L'Évêque d'York
Le Petit Moine

Les Barons anglais

Premier Baron français
Second Baron français

Le Pape
Le Cardinal

La Reine
La Reine Mère
Gwendoline

Prévôt, Moine, Soldats, Saxons, Pages et Filles

*An asterisk in the text indicates that the word or phrase so marked is explained or commented on in the Notes at the end of the book.*

# Premier Acte

*Un décor vague avec des piliers partout. C'est la cathédrale. Le tombeau de Becket, au milieu de la scène, une dalle avec un nom gravé sur la pierre. Deux gardes entrent et se postent au loin, puis le roi entre par le fond. Il a sa couronne sur la tête, il est nu sous un vaste manteau. Un page le suit à distance. Le roi hésite un peu devant la tombe, puis, soudain il enlève son manteau que le page emporte. Il tombe à genoux, priant sur les dalles, seul, tout nu, au milieu de la scène; derrière les piliers, dans l'ombre, on devine des présences inquiétantes.\**

LE ROI. Alors, Thomas Becket, tu es content? Je suis nu sur ta tombe et tes moines vont venir me battre. Quelle fin, pour notre histoire! Toi, pourrissant dans ce tombeau, lardé des coups de dague de mes barons et moi, tout nu, comme un imbécile, dans les courants d'air, attendant que ces brutes viennent me taper dessus. Tu ne crois pas qu'on aurait mieux fait de s'entendre?

*Becket en archevêque, comme au jour de sa mort, est apparu sur le côté, derrière un pilier. Il dit doucement:*

BECKET. On ne pouvait pas s'entendre.

LE ROI. Je te l'ai dit: « Sauf l'honneur du royaume! » C'est toi qui m'avais appris la formule, pourtant.

BECKET. Je t'ai répondu: « Sauf l'honneur de Dieu! » C'était un dialogue de sourds.

LE ROI. Qu'il faisait un froid dans cette plaine nue de La Ferté-Bernard* la dernière fois que nous nous sommes vus! C'est curieux, il a toujours fait froid dans notre histoire. Sauf au début, quand nous étions amis, nous avons eu quelques beaux soirs d'été tous les deux, avec des filles... (Il demande soudain:) Tu l'aimais, Gwendoline, Archevêque?* Tu m'en as voulu, le soir où je te l'ai prise en disant: « C'est moi le roi! » C'est peut-être ça que tu ne m'as jamais pardonné?

BECKET, doucement. J'ai oublié.

LE ROI. On était pourtant comme deux frères tous les deux! Ce soir-là, c'était un enfantillage, ce gros garçon qui criait « C'est moi le roi! » J'étais si jeune... Je ne pensais qu'à travers toi, tu le sais bien.

BECKET, doucement, comme à un petit garçon. Prie, Henri, au lieu de bavarder.

LE ROI, avec humeur. Tu penses comme j'ai envie de prier! (Becket va s'enfoncer doucement dans l'ombre et disparaître pendant la réplique du roi). Je les regarde, entre mes doigts, qui me guettent des allées latérales. Tu avais beau dire, quelles trognes ils ont, tes Saxons!*... Se livrer tout nu à ces brutes! Moi qui ai la peau tellement fragile... Même toi, tu aurais peur! Et puis j'ai honte. Honte de cette mascarade. Seulement, j'ai besoin d'eux... Il faut que je les rallie à ma cause, contre mon fils, qui veut me croquer mon royaume tout vivant. Alors, je viens faire ma paix avec leur saint. Crois-tu que c'est drôle? Toi, tu es devenu un saint et moi, le roi, voilà que j'ai besoin de cette grosse masse amorphe* qui ne pouvait rien jusqu'ici, que peser son énorme poids, courbée sous les coups, et qui peut tout, maintenant. A quoi cela sert-il au fond, les conquêtes? Voilà que c'est eux l'Angleterre aujourd'hui, quand même, à force d'être plus nombreux et de faire des petits, comme des lapins, pour compenser les massacres. Mais il faut toujours payer le prix... C'est toi aussi qui m'as appris ça, Thomas Becket, quand

tu me conseillais encore...   Tu m'as tout appris...   (*Il rêve un
peu :*) Ah, c'était le bon temps!...   Au petit matin — enfin,
notre petit matin à nous, vers midi, car nous nous couchions
toujours très tard tous les deux — tu entrais dans ma chambre,
juste comme je sortais de l'étuve, tu entrais, reposé, souriant,
léger, aussi frais que si nous n'avions pas passé toute la nuit à
boire et à forniquer de compagnie*...   (*Il dit un peu amer :*)
Pour ça aussi tu étais plus fort que moi...

*Le page est entré avec un linge de bain, un drap blanc, dont il
enveloppe le roi qu'il frotte.   On entend siffler en coulisse pour la
première fois, on l'entendra souvent, une marche anglaise, joyeuse et
ironique qu'affectionne Becket.   L'éclairage change.   C'est encore la
cathédrale vide, et puis à un moment Becket tirera un rideau et ce sera
la chambre du roi.   Leur ton d'abord lointain comme celui d'un
souvenir changera aussi et deviendra plus réaliste.   Thomas Becket en
gentilhomme, élégant, jeune, charmant, avec sa veste courte et ses
souliers au bout curieusement retourné, est entré, allègre et salue le roi.*

THOMAS.   Mes respects, mon Seigneur!...

LE ROI *s'illumine.*   Ah, Thomas!   Je pensais que tu dormais
encore.

THOMAS.   J'ai déjà fait un petit temps de galop jusqu'à
Richemond, mon Seigneur.   Il fait un froid divin.

LE ROI, *qui claque des dents.*   Dire que tu aimes le froid, toi!
(*A son page*). Frotte donc plus fort, animal!

*Thomas, souriant, repousse le page et se met à frotter le roi à sa place.*

LE ROI, *au page.*   Ça va!   Mets une bûche au feu et file!   Tu
m'habilleras tout à l'heure.

THOMAS.   Mon prince.   C'est moi qui vous habillerai.

*Le page est sorti.*

LE ROI.   Il n'y a que toi qui me frottes bien.   Qu'est-ce que je
ferais sans toi, Thomas!   Tu es gentilhomme, pourquoi joues-tu
à être mon valet de chambre?   Si je demandais ça à mes barons,
ils me feraient une guerre civile!...

THOMAS *sourit.*   Ils y viendront avec le temps, quand les rois

auront appris leur rôle.*   Je suis votre serviteur, mon prince,
voilà tout.   Que je vous aide à gouverner ou à vous réchauffer,
pour moi, c'est pareil.   J'aime vous aider.

Le Roi, *avec un petit geste tendre*.   Mon petit Saxon!   Au début
quand j'ai voulu te prendre près de moi, tu sais ce qu'ils m'ont
dit tous?   Que tu en profiterais pour me poignarder un jour.

Thomas, *qui l'habille souriant*.   Vous l'avez cru, mon prince?

Le Roi.   N... non...   J'ai eu un petit peu peur au début.
Tu sais que j'ai facilement peur.   Mais tu avais l'air si bien élevé,
à côté de ces brutes.   Comment t'es-tu arrangé pour parler le
français sans trace d'accent anglais?*

Thomas.   Mes parents avaient pu conserver leurs biens en
acceptant de collaborer,* comme on dit, avec le roi votre père...
Ils m'ont envoyé tout jeune en France* y prendre un bon accent
français.

Le Roi.   En France?   Et pas en Normandie?

Thomas *sourit encore*.   Ce fut leur seule coquetterie patriotique.
Ils détestaient l'accent normand.

Le Roi, *incisif*.   Seulement l'accent?

Thomas, *impénétrable et léger*.   Mon père était un homme très
sévère.   Je ne me serais jamais permis, de son vivant, de l'interroger sur ses sentiments profonds.   Et sa mort n'a rien éclairci,
naturellement.   Il a su faire, en collaborant, une assez grosse
fortune; comme c'était, d'autre part, un homme de rigueur,
j'imagine qu'il s'est arrangé pour la faire en accord avec sa conscience.   Il y a là un petit tour de passe-passe que les hommes de
rigueur réussissent assez bien, en période troublée.

Le Roi.   Et toi?

Thomas, *feignant de ne pas comprendre la question*.   Moi, mon
prince?

Le Roi, *avec une trace voulue de léger mépris dans la voix, car
malgré son admiration pour Thomas ou à cause d'elle, il voudrait bien
marquer un point de temps en temps contre lui*.   Le tour de passe-
passe, tu l'as réussi facilement?

Thomas, *toujours souriant.*   Le problème n'était pas le même. Moi, j'étais un homme léger, n'est-ce pas ?   En vérité, il ne s'est même pas posé.   J'adore la chasse et seuls les Normands et leurs protégés avaient droit de chasser.   J'adore le luxe et le luxe était normand.   J'adore la vie, et les Saxons n'avaient droit qu'au massacre.   J'ajoute que j'adore l'honneur.

Le Roi, *un peu étonné.*   Et l'honneur s'est concilié aussi avec la collaboration ?

Thomas, *léger.*   J'ai eu le droit de tirer l'épée contre le premier gentilhomme normand qui a voulu toucher une de mes sœurs et de le tuer en combat singulier.   C'est un détail, mais appréciable.

Le Roi, *un peu sournois.*   Tu aurais toujours pu l'égorger et fuir dans les bois comme tant d'autres ?

Thomas.   Cela manquait de confort et d'efficacité vraie. Ma sœur eût été immédiatement violée par un autre baron normand, comme toutes les filles saxonnes.   Aujourd'hui elle est respectée.

Le Roi, *rêveur.*   Je ne comprends pas que tu ne nous haïsses pas...   Tu vois, moi qui n'ai pas énormément de courage...

Thomas.   Qu'en savez-vous mon Seigneur ?   Avant le jour de sa mort, personne ne sait exactement son courage...

Le Roi, *continuant.*   Tout de même, tu sais que je n'aime pas me battre... personnellement, tout au moins.   Eh bien, si les Français, par exemple, envahissaient un jour la Normandie et qu'ils y fassent le centième de ce que nous avons fait ici, je crois bien que je ne pourrais jamais voir un Français sans tirer ma dague et...   (*Il crie soudain, voyant un geste de Thomas:*) Qu'est-ce que tu cherches ?

Thomas, *souriant, tirant son peigne de son pourpoint.*   Mon peigne...   (*Il commence à coiffer le roi et lui dit doucement:*) C'est que vous n'avez pas été occupé* pendant cent ans, mon Seigneur. C'est long.   Et tout s'oublie à vivre.

Le Roi, *assez fin soudain.*   Si tu avais été pauvre, tu n'aurais peut-être pas oublié !

THOMAS, *léger et mystérieux*. Peut-être pas. Mais je suis riche. Et léger... Mon Seigneur, vous savez que ma nouvelle vaisselle d'or est arrivée de Florence? Mon roi me fera-t-il l'honneur de venir l'étrenner chez moi?

LE ROI. De la vaisselle d'or! Quel fou tu fais!

THOMAS. Je lance cette mode.

LE ROI. Je suis ton roi et moi je mange dans de l'argent!

THOMAS. Mon prince, vous avez de lourdes charges et je n'ai que celles de mon plaisir... L'ennui c'est qu'il paraît que ça se raye... Enfin, on verra! J'ai reçu aussi deux fourchettes*...

LE ROI, *surpris*. Des fourchettes?

THOMAS. Oui. C'est un nouveau petit instrument diabolique, de forme et d'emploi. Cela sert à piquer la viande pour la porter à sa bouche. Comme ça on ne se salit pas les doigts.

LE ROI. Mais alors, on salit la fourchette?

THOMAS. Oui. Mais ça se lave.

LE ROI. Les doigts aussi! Je ne vois pas l'intérêt.*

THOMAS. Aucun intérêt pratique, en effet. Mais c'est raffiné, c'est subtil. Ça ne fait pas du tout normand.

LE ROI, *soudain ravi*. Il faudra que tu m'en commandes une douzaine. Que je voie la tête de* mes gros barons au premier banquet de la cour, quand je leur présenterai ça. Il ne faudra pas leur dire à quoi ça sert! On rira bien!

THOMAS, *riant*. Une douzaine. Comme vous y allez! C'est que ça coûte très cher des fourchettes. Mon prince, il est temps d'aller au conseil.

LE ROI, *riant aussi*. Ils ne vont rien y comprendre! Ils sont fichus de* croire que c'est pour se battre. On va s'amuser comme des fous!

*Ils sont sortis, riant derrière le rideau, qui s'écarte devant eux dans le même décor de piliers. C'est la salle du conseil où ils pénètrent, toujours riant.*

LE ROI. *allant au trône*. Messieurs, le conseil est ouvert. Je vous ai réunis aujourd'hui pour trancher sur ce refus du clergé de s'acquitter de la taxe d'absence.   Il va tout de même falloir s'entendre, pour savoir qui gouverne ce royaume, de l'Église... (l'*Archevêque fait un geste*)... tout à l'heure, Archevêque!... ou de moi.   Mais, avant de nous disputer, commençons par les bonnes nouvelles...   J'ai décidé de rétablir le poste de chancelier d'Angleterre,* gardien du sceau à trois lions,  et de le confier à mon féal serviteur et sujet Thomas Becket.

THOMAS, *surpris, s'est levé, tout pâle.*   Mon prince!...

LE ROI, *goguenard.*   Qu'est-ce qu'il y a, Becket?   Tu veux déjà aller pisser?   Il est vrai que nous avons tellement bu cette nuit tous les deux!   (*Il le regarde, ravi.*)   Je suis bien content, pour une fois j'ai réussi à te surprendre, petit Saxon.

THOMAS, *un genou en terre, soudain grave.*   Mon prince, c'est une marque de votre confiance dont j'ai peur de ne pas être digne.   Je suis très jeune,* peut-être léger...

LE ROI.   Moi aussi, je suis jeune, et tu en sais plus long que nous tous!   (*Aux autres.*)   Il a étudié, vous savez!   C'est incroyable tout ce qu'il connaît.   Il vous damerait le pion à tous. Même à l'Archevêque!   Quant à sa légèreté, ne soyez pas dupes. Il boit sec, il aime bien s'amuser, mais c'est un garçon qui pense tout le temps.   Quelquefois, ça me gêne de le sentir penser à côté de moi...   Relève-toi, Thomas.   Je ne faisais rien sans ton conseil, c'était secret, maintenant ce sera public, voilà tout.   (*Il éclate de rire, tire quelque chose de sa poche, le donne à Becket.*) Tiens, voilà le sceau.   Ne le perds pas.   Sans sceau, il n'y a plus d'Angleterre et nous serions tous obligés de retourner en Normandie!   Maintenant, travaillons.

L'ARCHEVÊQUE *se lève, tout sourire la première surprise passée.*   Je voudrais qu'il me soit permis, avec l'approbation de mon prince, de saluer ici mon jeune et savant archidiacre.*   Car j'ai été le premier, j'ai la faiblesse d'être fier de le rappeler, à l'avoir remarqué et élevé.   La présence à ce conseil, avec le titre prépondérant de chancelier d'Angleterre, d'un des nôtres — de notre fils spirituel en quelque sorte — est un gage pour l'Église de ce pays qu'une nouvelle ère d'entente et de compréhension réciproque s'ouvre devant nous et que nous devons, dans un esprit de collaboration confiante...

Le Roi, *le coupant.* Et cætera et cætera... Merci, Archevêque! J'étais sûr que cette nomination vous ferait plaisir. Mais ne comptez pas trop sur Becket pour faire vos affaires. Il est mon homme. (*Il se retourne vers Becket, ravi.*) Au fait, mon petit Saxon, je l'avais oublié que tu étais diacre*...

Thomas, *souriant.* Moi aussi, mon prince.

Le Roi. Dis-moi — je ne parle pas des filles, c'est péché véniel — mais dans les quelques affaires* où j'ai pu te voir, je trouve que tu as un rude coup d'épée pour un curé. Comment accordes-tu cela avec le commandement de l'Église qui défend aux prêtres de verser le sang?

L'Évêque d'Oxford, *prudent.* Notre jeune ami n'est que diacre et n'a point encore prononcé tous ses vœux, Altesse. L'Église, dans sa sagesse, sait qu'il faut que jeunesse se passe et que — sous le prétexte sacré d'une guerre — d'une guerre sainte, j'entends, il est permis aux jeunes gens...

Le Roi, *le coupant.* Toutes les guerres sont saintes, Évêque! Je vous défie de me trouver un belligérant sérieux qui n'ait pas le ciel avec lui — théoriquement. Revenons plutôt à nos moutons.

L'Archevêque. *Pastor curare gregem debet,** mon fils.

Le Roi, *impatienté.* C'est ce que je voulais dire. Seulement, je n'aime pas beaucoup les moutons qui ne veulent pas se laisser tondre, mon Père! Nos coutumes veulent qu'une taxe en argent soit due par tout possesseur d'une terre suffisante pour l'entretien d'un homme d'armes, qui, dans les délais prescrits par les appels, ne se présente pas à la revue tout armé et l'écu au bras.*

L'Évêque d'Oxford. Distinguo,* Altesse!

Le Roi. Distinguez tout ce que vous voulez. Pour moi, ma décision est prise: je tends mon escarcelle et j'attends. (*Il se renverse sur son fauteuil et se cure les dents. A Becket.*) Je crève de faim, Thomas.  Pas toi?  Dis, qu'on nous fasse apporter quelque chose.

*Thomas fait un signe à un garde qui sort.*

L'Archevêque, *se lève après un temps.*  Un laïc qui se dérobe à son devoir d'état, qui est d'assister son prince par les armes, doit la taxe.  Nul ne le contestera.

Le Roi, *goguenard.*  Surtout pas le clergé!

L'Archevêque, *continuant.*  Le devoir d'état d'un clerc est d'assister son prince dans ses prières, dans ses œuvres d'éducation et de charité; il ne pourrait donc être assujetti à une taxe semblable que s'il se dérobait à ces devoirs-là.

L'Évêque d'Oxford.  Avons-nous refusé de prier?

Le Roi, *s'est levé furieux.*  Messieurs!  Vous pensez sérieusement que je m'en vais me laisser filouter de plus des deux tiers de ma taxe, avec des arguties pareilles?  Au temps de la conquête, quand il s'agissait de s'enrichir, ils l'ont retroussée leur soutane,* je vous le jure, nos abbés normands: et gaillardement!  L'épée au poing, les fesses sur la selle, dès potron-minet.*  « Allons-y, mon prince!  Boutons tout ça dehors!  Dieu le veut!  Dieu le veut! »  Il fallait les retenir, oui!  Et quand on avait besoin d'une petite messe le cas échéant, ils n'avaient jamais le temps; ils ne savaient plus où ils avaient laissé leurs habits sacerdotaux, les églises n'étaient pas en état — tout leur était bon pour remettre* — de peur de se laisser rafler un morceau de gâteau pendant ce temps-là!

L'Archevêque.  Ces temps héroïques ne sont plus.  La paix est faite.

Le Roi.  Alors, payez.  Moi, je ne sors pas de là.  (*Il se tourne vers Becket.*)  Un peu à toi, Chancelier.  On dirait que ça te rend muet, les honneurs.

Becket.  M'est-il permis de faire remarquer respectueusement quelque chose à mon Seigneur l'Archevêque?

Le Roi grommelle.  Respectueusement... mais fermement.  Tu es chancelier, maintenant.

BECKET, *calme et négligent.*   L'Angleterre est un navire.

LE ROI, *ravi.*   Tiens!   C'est joli, ça.   On s'en resservira.

BECKET.   Dans les périls de la navigation, l'instinct de conservation des hommes leur a fait, depuis toujours, reconnaître qu'il fallait un seul maître à bord.   Les équipages révoltés qui ont noyé leur capitaine, finissent toujours, après quelque temps d'anarchie, par se confier, corps et âmes, à l'un des leurs, qui se met à régner sur eux, plus durement parfois que leur capitaine noyé.

L'ARCHEVÊQUE.   Seigneur Chancelier — mon jeune ami — il y a effectivement une formule: le capitaine est seul maître à bord après Dieu.   (*Il tonne soudain avec une voix qu'on ne soupçonnait pas dans ce corps débile.*)   Après Dieu!

*Et il se signe.   Tous les évêques l'imitent.   Un vent d'excommunication passe sur le conseil.   Le roi, impressionné, se signe aussi et grommelle un peu piteux:*

LE ROI.   Personne ne songe à mettre l'autorité de Dieu en cause, Archevêque.

BECKET, *qui est seul resté calme.*   Dieu guide le navire en inspirant les décisions du capitaine.   Mais je n'ai jamais entendu dire qu'il donnait directement ses consignes à l'homme de barre.

*Gilbert Folliot, évêque de Londres, se lève.   C'est un homme fielleux.*

GILBERT FOLLIOT.   Notre jeune chancelier n'est que diacre, mais il est d'Église.   Les quelques années qu'il vient de passer dans le monde et le bruit ne peuvent lui avoir fait déjà oublier que c'est à travers son Église militante et plus particulièrement par l'intermédiare de Notre Saint-Père le Pape et des Évêques — ses représentants qualifiés — que Dieu dicte ses décisions aux hommes.

BECKET.   Il y a un aumônier sur chaque navire, mais on ne lui demande pas de fixer la ration de vivres de l'équipage ni de faire le point.   Mon Révérend Seigneur, l'Évêque de Londres, qui est le petit-fils d'un marinier,* m'a-t-on dit, ne peut, lui non plus, avoir oublié cela.

GILBERT FOLLIOT *se dresse, aigre et glapit.* Je ne permettrai pas que des allusions personnelles viennent compromettre la dignité d'un débat de cette importance! L'intégrité et l'honneur de l'Église d'Angleterre sont en jeu!

LE ROI, *bonhomme.* Pas de grands mots, Évêque! Vous savez comme moi qu'il s'agit tout bonnement de son argent. J'ai besoin d'argent pour ma guerre. L'Église veut-elle m'en donner ou non?

L'ARCHEVÊQUE, *prudent.* L'Église d'Angleterre a toujours admis que son devoir était d'assister son prince, au maximum de ses forces, dans ses besoins.

LE ROI. Voilà une bonne parole! Mais je n'aime pas le passé, Archevêque, c'est un temps qui a quelque chose de nostalgique. J'aime le présent. Et le futur. Paierez-vous?

L'ARCHEVÊQUE. Altesse, je suis ici pour défendre les privilèges que votre illustre aïeul Guillaume a concédés à l'Église d'Angleterre. Auriez-vous le cœur de toucher à l'œuvre de votre aïeul?

LE ROI. Qu'il repose en paix! Son œuvre est inviolable. Mais là où il est il n'a plus besoin d'argent. Et moi, qui suis encore sur terre, malheureusement, j'en ai besoin!

GILBERT FOLLIOT. Altesse, c'est une question de principe!

LE ROI. Je lève des troupes, Évêque! Je me suis fait envoyer quinze cents lansquenets allemands* et trois mille fantassins suisses* pour combattre le roi de France. Et personne n'a jamais réglé des Suisses avec des principes!

BECKET *se lève soudain, net.* Je pense, Altesse, qu'il est inutile de poursuivre un dialogue où aucun des deux interlocuteurs n'écoute l'autre. La loi et la coutume nous donnent des moyens de coercition. Nous en userons.

GILBERT FOLLIOT, *hors de lui, dressé.* Tu oserais, toi, qu'elle a tiré du néant de ta race, plonger le fer dans le sein de ta mère l'Église?*

BECKET. Mon seigneur et roi m'a donné son sceau aux trois lions à garder. Ma mère est maintenant l'Angleterre.

GILBERT FOLLIOT, *écumant, un peu ridicule*. Un diacre! Un pauvre diacre nourri dans notre sein! Traître! Petit serpent! Débauché! Sycophante! Saxon!

LE ROI. Mon petit ami, je vous invite à respecter mon chancelier ou sinon j'appelle mes gardes!

*Il a enflé un peu la voix vers la fin, les gardes entrent.*

LE ROI, *surpris*. Les voilà, d'ailleurs. Ah! non, c'est mon en-cas.* Excusez-moi, messieurs, mais vers midi, j'ai besoin de prendre* ou je me sens faiblir. Et un roi n'a pas le droit de faiblir, vous ne l'ignorez pas. Servez-moi ça dans mon oratoire, comme ça je pourrai prier tout de suite après. Viens un moment avec moi, mon fils...

*Il est sorti, entraînant Becket. Les trois prélats se sont levés, blessés. Ils s'éloignent un peu, murmurant entre eux avec des regards en coin du côté où est sorti le roi.*

GILBERT FOLLIOT. Il faut en appeler à Rome! Se raidir.

L'ÉVÊQUE D'YORK. Seigneur Archevêque, vous êtes primat d'Angleterre. Votre personne est inviolable et vos décisions pour tout ce qui touche à l'Église font loi dans ce pays. Contre une telle rébellion, vous avez une arme: l'excommunication.

L'ÉVÊQUE D'OXFORD. Nous ne devons en user qu'avec beaucoup de prudence, Révérend Évêque. L'Église au cours des siècles a toujours triomphé, mais elle a triomphé prudemment. Patientons. Les fureurs du roi sont terribles; mais elles ne durent point. Ce sont des feux de paille.

GILBERT FOLLIOT. Le petit ambitieux, qu'il a près de lui maintenant, se chargera de les attiser. Et je pense, comme le Révérend Évêque d'York, que seule l'excommunication de ce petit débauché peut le réduire à l'impuissance.

BECKET *entre sur ces mots*. Mes Seigneurs, le roi a décidé de suspendre son conseil. Il pense qu'une nuit de méditation inspirera à Vos Seigneuries une solution sage et équitable — qu'il vous autorise à venir lui soumettre demain.

Gilbert Folliot *ricane, amer.*   C'est tout simplement l'heure de la chasse...

Becket *sourit.*   Oui, d'ailleurs, Seigneur Évêque, à ne vous rien cacher.   Croyez que je suis personnellement navré de ce différend et de la forme brutale qu'il a prise.   Je ne reviens pourtant pas sur ce que j'ai dit en tant que chancelier d'Angleterre.   Nous sommes tous tenus envers le roi, laïcs et clercs, par le même serment féodal que nous lui avons prêté comme à notre seigneur et suzerain : le serment de lui conserver sa vie, ses membres, sa dignité et son honneur.   Je pense qu'aucun d'entre vous n'en a oublié la formule ?

L'Archevêque, *doucement.*   Nous ne l'avons pas oubliée, mon fils.   Pas plus que l'autre serment que nous avons prêté avant à Dieu.   Vous êtes jeune, peut-être encore incertain.   Vous venez pourtant de prendre, en peu de mots, une résolution dont le sens ne m'a pas échappé.   Permettez à un vieil homme, qui est très près de la mort, et qui, dans ce débat un peu sordide, défendait peut-être davantage que ce que vous avez cru lui voir défendre — de vous souhaiter, comme un père, de ne pas connaître un jour l'amertume de penser que vous vous êtes trompé.   (*Il lui tend son anneau que Becket baise.*)   Je vous bénis, mon fils.

Becket, *s'est agenouillé, il se relève léger.*   Un fils bien indigne, mon père...   Mais, quand est-on digne ?   Et digne de quoi ?

*Il pirouette et sort avec une insolence et une grâce de jeune garçon.*

Gilbert Folliot, *a bondi.*   Ces insultes à Votre Seigneurie sont inadmissibles !   L'insolence de ce petit roué doit être brisée.

L'Archevêque, *pensif.*   Je l'ai eu longtemps près de moi.   C'est une âme étrange, insaisissable.   Ne croyez pas qu'il soit le simple débauché que les apparences feraient croire.   J'ai pu l'observer souvent, dans le plaisir et dans le bruit.   Il y reste comme absent.   Il se cherche.

Gilbert Folliot.   Brisez-le, mon Seigneur, avant qu'il ne se trouve !   Ou le clergé de ce pays le paiera cher.

L'Archevêque.   Nous devons être très circonspects.   Notre rôle est de sonder les cœurs.   Et je ne suis pas sûr que celui-ci soit toujours notre ennemi.

*L'Archevêque et les trois évêques sont sortis.   On entend le roi crier dehors:*

Le Roi.   Alors, mon fils, ils sont partis?   Tu viens à la chasse?

*Des arbres descendent des cintres, le rideau de velours noir du fond s'ouvre sur un ciel clair transformant les piliers en arbres dénudés d'une forêt d'hiver.   Des sonneries de trompe.   La lumière a baissé, quand elle revient le roi et Thomas sont à cheval, un faucon chacun sur leur gant de cuir.   On entend une pluie torrentielle.*

Le Roi.   C'est le déluge! (*Il demande soudain:*)   Cela t'amuse, toi, de chasser au faucon?

Becket.   Je n'aime pas beaucoup faire faire mes commissions par les autres...   J'aime mieux sentir un sanglier au bout de mon épieu.   Quand il se retourne et qu'il charge, il y a une minute de tête à tête délicieuse où l'on se sent enfin responsable de soi.

Le Roi.   C'est curieux ce goût du danger!   Qu'est-ce que vous avez tous, à vouloir risquer votre peau coûte que coûte, sous les prétextes les plus futiles?   Au fond, tu es un raffiné, tu fais des vers abscons,* tu manges avec une fourchette et tu es plus près de mes barons que tu ne le crois.

Becket.   Il faut jouer sa vie pour se sentir vivre...

Le Roi.   Ou mourir.   Tu me fais rire! (*Il parle à son faucon:*)   Du calme, mon joli.   On l'ôtera tout à l'heure ton capuchon.   Sous les arbres, tu ne ferais rien de bon.   En tout cas, il y en a qui adorent ça, la chasse au faucon, ce sont les faucons!   J'ai l'impression que nous nous tannons le derrière depuis trois heures à cheval, pour leur procurer ce plaisir royal.

Becket *sourit.*   Mon Seigneur, ce sont des faucons normands. Ils sont de la bonne race.   Ils y ont droit.

Le Roi *demande soudain, regardant Becket.*   Tu m'aimes Becket?

Becket. Je suis votre serviteur, mon prince.

Le Roi. Tu m'as aimé quand je t'ai fait chancelier? Je me demande parfois si tu es capable d'amour. Aimes-tu Gwendoline?

Becket. Elle est ma maîtresse, mon prince.

Le Roi. Pourquoi mets-tu des étiquettes sur tout, pour justifier tes sentiments?

Becket. Parce que, sans étiquettes, le monde n'aurait plus de forme, mon prince...

Le Roi. Et c'est important que le monde ait une forme?

Becket. Capital, mon prince, ou sinon on ne sait plus ce qu'on y fait. (*Des trompes au loin.*) La pluie redouble, mon Seigneur. Allons nous réfugier dans cette cabane, là-bas.

*Il part au galop; après un imperceptible temps de désarroi, le roi le suit au galop, le poing haut tenant son faucon, et criant:*

Le Roi. Becket! Tu n'as pas répondu à ma question!

*Il a disparu dans la forêt. Des trompes encore. Les barons passent à cheval au galop sur leurs traces et se perdent dans la forêt. Un bruit d'orage, des éclairs.*

*Une cabane est apparue d'un côté de la scène, on entend Becket crier à la cantonade.**

Becket. Holà! l'homme!* On peut mettre les chevaux au sec dans ta grange? Tu sais bouchonner?* Regarde donc aussi ce qu'a le cheval de messire au sabot avant droit. Nous allons laisser passer l'orage chez toi.

*Un instant puis le roi entre dans la cabane suivi d'un saxon hirsute qui multiplie les saluts, craintif, son bonnet à la main.*

Le Roi, *entrant et se secouant.* Quelle douche! Je suis fichu de prendre froid. (*Il éternue.*) Tout ça pour amuser des faucons! (*Il crie à l'homme, changeant de voix:*) Qu'est-ce que tu attends pour nous faire du feu, toi? On crève de froid chez toi, chien! (*L'homme ne bouge pas, terrorisé. Le roi, après avoir éternué encore, à Becket qui les a suivis:*) Qu'est-ce qu'il attend?

BECKET.   Le bois est rare, mon Seigneur. Il n'en a sans doute plus.

LE ROI.   En pleine forêt?

BECKET.   Ils n'ont droit qu'à deux mesures de bois mort. Une branche de plus, on les pend.

LE ROI, *étonné.*   Tiens?   Et d'un autre côté, on trouve qu'il y a trop de bois mort dans les forêts.   Enfin, ce problème regarde mes intendants.   (*Il crie à l'homme:*)   File ramasser tout ce que tu pourras porter et fais-nous un feu d'enfer.   Pour une fois, tu ne seras pas pendu, chien!

*Le paysan, épouvanté, n'ose pas obéir.   Thomas lui dit doucement:*

BECKET.   Va, mon fils.   C'est ton prince qui l'ordonne.   Tu as le droit.

*L'homme sort, tremblant, multipliant les saluts.*

LE ROI.   Pourquoi appelles-tu ce vieillard ton fils?

BECKET.   Mon prince, vous l'appelez bien: chien.

LE ROI.   C'est une expression!   On a toujours appelé les Saxons: chiens. Je ne sais pas pourquoi, d'ailleurs.   On aurait aussi bien pu les appeler: saxons.   Mais ton fils, cette vieille puanteur... (*Il renifle autour de lui.*)   Qu'est-ce qu'ils peuvent bien bouffer pour que cela sente si mauvais, de la crotte?

BECKET.   Des raves.

LE ROI.   Qu'est-ce que c'est que ça, des raves?

BECKET.   Des racines.

LE ROI, *amusé.*   Ils mangent des racines?

BECKET.   Ceux des forêts ne peuvent pas cultiver autre chose.

LE ROI.   Pourquoi ne vont-ils pas en plaine?

BECKET.   Ils seraient pendus s'ils quittaient leur district.

LE ROI.   Ah bon!   Remarque que cela doit simplifier la vie de savoir qu'on est pendu à la moindre initiative.   On **doit** se poser beaucoup de questions.   Ce sont des gens qui ne savent pas leur bonheur... Tu ne m'as pas toujours dit pourquoi tu appelais ce gaillard ton fils?

BECKET, *léger*.   Mon prince, il est si dénudé et si pauvre et je suis si fort par comparaison, qu'il est véritablement mon fils.

LE ROI.   On irait loin avec ta théorie.

BECKET.   D'ailleurs, mon prince, vous êtes sensiblement plus jeune que moi et il vous arrive aussi de m'appeler votre fils.

LE ROI.   Ça n'a aucun rapport.   C'est parce que je t'aime.

BECKET.   Vous êtes notre roi; nous sommes tous vos fils entre vos mains.

LE ROI.   Même les Saxons?

BECKET, *léger, se dégantant*.   L'Angleterre sera faite, mon prince, le jour où les Saxons seront aussi vos fils.

LE ROI.   Tu es ennuyeux aujourd'hui.   J'ai l'impression d'écouter l'Archevêque.   Et je crève de soif.   Fouille un peu pour voir s'il n'y a rien à boire chez ton fils... (*Becket commence à chercher, puis bientôt quitte la pièce.   Le roi se lève et cherche aussi, regardant curieusement la cahute,\* touchant des choses avec des mines dégoûtées.   Soudain, il avise une sorte de trappe au bas d'un mur; il ouvre, plonge la main et en tire une fille épouvantée.   Il crie:*) Hé, Thomas!   Thomas!

BECKET *rentre*.   Vous avez trouvé quelque chose à boire, mon prince?

LE ROI, *tenant la fille à bout de bras*.   Non, à manger.   Qu'est-ce que tu dis de ça, une fois nettoyé?

BECKET, *froid*.   Elle est jolie.

LE ROI.   Elle pue un peu, mais on la laverait.   Regarde ça, c'est tout menu.   Qu'est-ce que ça peut avoir à ton idée, quinze ans, seize ans?

BECKET.   Ça parle, mon Seigneur. (*A la fille, doucement.*) Quel âge as tu?

*La petite les regarde, épouvantée, sans répondre.*

LE ROI. Tu vois bien que ça ne parle pas. (*A l'homme qui est rentré avec du bois et qui s'arrête sur le seuil, épouvanté.*) Quel âge a ta fille, chien? (*L'homme tremble sans répondre, traqué.*) Il est muet aussi, ton fils. Tu l'as eue avec une sourde? C'est curieux d'ailleurs, le nombre de muets que je peux rencontrer dès que je sors de mon palais. Je règne sur un peuple de muets. Tu peux me dire pourquoi?

BECKET. Ils ont peur, mon prince.

LE ROI. J'entends. Et c'est une bonne chose. Il faut que les peuples aient peur. A la minute où ils cessent d'avoir peur, ils n'ont qu'une idée, c'est de faire peur à leur tour. Et ils adorent ça, faire peur! Autant que nous. Quand ils en ont la possibilité, je te jure qu'ils se rattrapent, tes fils. Tu n'as jamais vu de jacquerie?* Moi, j'en ai vu une, petit, du temps de mon père. Ce n'est pas beau à voir. (*Il regarde l'homme, exaspéré.*) Regarde-moi ça... C'est muet, c'est obtus, ça grouille, ça pue, il y en a partout... (*Il rattrape la petite qui a tenté de s'éloigner.*) Reste là, toi! Ça sert à quoi, je te le demande?

BECKET, *souriant.* Ça gratte le sol, ça fait du pain.

LE ROI. Bah! Les Anglais en mangent si peu... A la cour de France, je ne dis pas,* ils s'en bourrent.

BECKET, *souriant.* Il faut bien nourrir les troupes. Car un roi sans troupes...

LE ROI, *frappé.* C'est juste. Tout se tient. Il doit y avoir un ordre raisonnable dans toutes ces absurdités. Décidément, tu es un petit Saxon philosophe... Je ne sais pas comment tu t'y prends, mais tu finiras par me rendre intelligent! Ce qui est curieux, c'est que ce soit si vilain et que cela fasse de si jolies filles! Comment expliques-tu ça, toi qui expliques tout?

BECKET. A vingt ans, avant d'avoir perdu ses dents et pris cet âge indéfinissable du peuple, celui-là a peut-être été beau. Il a peut-être eu une nuit d'amour, une minute où il a été roi lui aussi, oubliant sa peur. Après, sa vie de pauvre a repris, pareille. Sa femme et lui ont même dû oublier. Mais la semence était jetée.

LE ROI, *rêveur.*   Tu as une façon de raconter... (*Il regarde la fille.*)   Tu crois qu'elle deviendra laide comme les autres?

BECKET.   Sûrement.

LE ROI.   Si on la faisait putain et qu'on la garde au palais, elle resterait belle?

BECKET.   Peut-être.

LE ROI.   Alors, c'est un service à lui rendre?

BECKET, *froid.*   Sans doute.

*Le père s'est dressé.   La fille s'est recroquevillée, épouvantée.   Le frère entre, sombre, muet, menaçant.*

LE ROI.   C'est admirable! Ils comprennent tout, tu sais. Qui c'est, celui-là?

BECKET, *qui a jugé la situation d'un coup d'œil.*   Le frère.

LE ROI.   Comment le sais-tu?

BECKET.   Mon instinct, mon prince.

*Il a mis la main sur sa dague.*

LE ROI, *hurlant soudain.*   Qu'est-ce qu'ils ont à me dévisager? Ils commencent à m'embêter à la fin! J'ai demandé à boire, chien!

*L'homme, épouvanté, sursaute et déguerpit.*

BECKET.   Leur eau sera fade. J'ai une gourde de genièvre à ma selle.   Viens m'aider, toi, mon cheval est nerveux.

*Il a pris le frère par le bras, brutalement.   Il sort dans la forêt avec lui sifflant négligemment sa petite marche et, tout de suite, il se jette sur lui.   Une courte lutte silencieuse.   Il lui arrache son couteau.   Le garçon s'enfuit dans la forêt.   Thomas le regarde partir une seconde, se tenant la main.   Puis il contourne la maison.   Le roi s'est installé sur son escabeau, les jambes sur un autre, sifflotant.   Il relève les jupes de la fille du bout de son stick, l'examinant tranquillement.   Il murmure:*

LE ROI.   Tous mes fils! (*Il chasse une pensée.*)   Il me fatigue, ce Becket, à me donner l'habitude de penser. Ça doit être mauvais pour la santé. (*Il s'est levé, à Becket qui rentre.*)   Alors, cette eau?   C'est long!

BECKET, *qui précédait l'homme.*   La voilà, mon Seigneur.   Et voici surtout du genièvre.   Car elle est trouble.

LE ROI.   Bois avec moi.   (*Il avise la main de Becket enveloppée d'un linge ensanglanté.*)   Qu'est-ce que tu as?   Tu es blessé?

BECKET *cache sa main.*   Mon cheval est décidément un peu nerveux, mon prince.   Il a horreur qu'on touche la selle.   Un coup de dent.

LE ROI *éclate d'un gros rire ravi.*   Ah! ah! ah!   C'est trop drôle!   Elle* est vraiment trop drôle!...   Monsieur monte mieux que personne; Monsieur ne trouve jamais d'étalon assez fougueux pour lui; Monsieur nous rend tous ridicules au manège avec ses acrobaties et quand il veut aller prendre quelque chose dans ses fontes, il se fait mordre, comme un page!...   (*Il est presque content, rageur.   Soudain, son regard se fait plus tendre.*)   Tu es tout pâle, petit Saxon...   Pourquoi est-ce que je t'aime?   C'est drôle, ça ne me fait pas plaisir que tu aies mal, toi.   Montre ta main.   C'est mauvais, une morsure de cheval.   Je vais te mettre du genièvre.

BECKET *retire précipitamment sa main.*   J'en ai mis, mon prince.   Ce n'est rien.

LE ROI.   Pourquoi es-tu si pâle, alors?   Montre.

BECKET, *soudain froid.*   La blessure est laide et vous savez que vous n'aimez pas voir le sang.

LE ROI, *recule un peu puis s'exclame ravi.*   Tout ça pour aller me chercher à boire.   Blessé au service du roi.   On dira aux autres que tu m'as défendu contre une bête et je te ferai un beau cadeau ce soir.   Qu'est-ce qui te ferait plaisir?

BECKET, *doucement.*   Cette fille.   (*Il ajoute après un petit temps.*)   Elle me plaît.

LE ROI, *rembruni, après un silence.*   Là, tu m'embêtes!   Elle me plaît aussi.   Et, sur ce chapitre-là, je n'ai plus d'amis.   (*Un temps encore.   Sa figure prend une expression rusée.*)   Soit!   Mais donnant-donnant,* tu te le rappelleras?

BECKET.   Oui, mon prince.

Le Roi. Donnant-donnant, j'ai ta parole de gentilhomme ?

Becket. Oui, mon prince.

Le Roi, *vidant son verre, soudain allègre.* Adjugé ! Elle est à oi. On l'emporte ou on la fait prendre ?

Becket. J'enverrai deux soldats la prendre. Ils nous ont ejoints.

*En effet, une troupe d'hommes d'armes à cheval est arrivée derrière a cabane durant la fin de la scène.*

Le Roi, *à l'homme.* Lave ta fille, chien, et tue-lui ses poux. lle ira au palais. C'est pour Monsieur qui est Saxon comme oi. Tu es content, j'espère ? (*A Thomas, sortant.*) Donne-lui ne pièce d'or. Je me sens bon, moi, ce matin.

*Il est sorti. L'homme, terrorisé, regarde Becket.*

Becket. Personne ne viendra prendre ta fille. Cache-la ieux à l'avenir. Et dis à ton fils de rejoindre les autres, dans la orêt, c'est plus sûr pour lui maintenant. Tiens !

*Il lui jette une bourse et sort. Quand il est sorti, l'homme se jette ur la bourse, la ramasse, puis crache, haineux :*

L'Homme. Crève ! Crève le premier, porc !

La Fille, *soudain.* Il était beau celui-là ! C'est vrai qu'il va m'emmener au palais ?

L'Homme. Garce ! Fille à Normands !

*Il se jette sur elle et la roue de coups.*
*Le roi, Becket et les barons sont partis à cheval au galop dans les onneries de trompe. La baraque, les arbres du fond se retirent. Nous sommes dans le palais de Becket.*
*Des valets ont poussé en scène une sorte de lit bas, avec des coussins, es sièges. Au fond, entre deux piliers, un rideau sur une tringle à ravers lequel on voit, en ombres, la fin d'un banquet. On entend des hants, des éclats de rire... En scène, accroupie sur un lit bas, Gwen- oline qui joue doucement d'un instrument ancien à cordes.*
*Le rideau s'entrouvre. Becket paraît. Il va vers Gwendoline andis que le banquet et les éclats de rire continuent là-bas coupés e chansons grasses, inintelligibles.*

GWENDOLINE, *s'arrêtant un instant de jouer.* Ils mangent encore?

BECKET. Oui. Ils ont une faculté d'absorption inimaginable...

GWENDOLINE, *doucement, recommençant à jouer.* Comment mon Seigneur peut-il vivre toutes ses journées et une grande partie de ses nuits avec des êtres pareils?

BECKET, *qui s'est accroupi à ses pieds et la caresse.* Avec de savants clercs, discutant du sexe des anges,* ton seigneur s'ennuierait encore plus, mon petit chat. Ils sont aussi loin de la vraie intelligence des choses que les brutes.

GWENDOLINE, *doucement, rejouant.* Je ne comprends pas toujours tout ce que mon Seigneur me fait la grâce de me dire.. Ce que je sais, c'est qu'il est toujours très tard quand il vient me retrouver...

BECKET, *qui la caresse.* Je n'aime que te retrouver. La beauté est une des rares choses qui ne font pas douter de Dieu.

GWENDOLINE. Je suis la captive de guerre de mon Seigneur et je lui appartiens tout entière. Dieu l'a voulu ainsi, puisqu'il a donné la victoire aux Normands, sur mon peuple.* Si les Gallois avaient vaincu, j'aurais épousé, devant Lui, un homme de ma race au château de mon père. Dieu ne l'a pas voulu.

BECKET, *doucement.* C'est une morale comme une autre, mon petit chat. Mais, comme j'appartiens moi aussi à une race vaincue, j'ai l'impression que Dieu s'embrouille un peu. Joue encore...

GWENDOLINE *recommence à jouer, elle dit soudain:* Je mens. Tu es mon Seigneur sans Dieu. Et si les Gallois avaient vaincu, tu aurais aussi bien pu me voler au château de mon père. Je t'aurais suivi. (*Elle a dit ça gravement. Becket se lève soudain et s'éloigne. Elle lève sur lui des yeux angoissés, s'arrêtant de jouer.*) C'est mal ce que j'ai dit? Qu'a mon Seigneur?

BECKET, *fermé.* Rien. Je n'aime pas qu'on m'aime, je te l'ai dit.

*Le rideau s'entrouvre. Le roi paraît.*

ACTE II :
Les quatre
barons

Photo :
Agence
Pic

Acte II :
Le Roi,
Becket

Photo :
Agence
Pic

LE ROI, *qui est un peu ivre.* Alors, mon fils, tu nous abandonnes ? Ça y est, tu sais : ils ont compris ! Ils se battent avec tes fourchettes. Ils ont fini par découvrir que c'était pour se crever les yeux. Ça leur paraît très ingénieux de forme... Va, mon fils, ils vont te les casser. (*Becket passe derrière le rideau pour calmer les autres. On l'entend crier :*) « Messires, messires. Mais non, ce ne sont pas de petites dagues... Je vous assure... Seulement pour piquer la viande... Tenez, je vais vous montrer encore... »

*D'énormes éclats de rire derrière le rideau. Le roi est descendu vers Gwendoline, la dévisageant.*

LE ROI. C'est toi qui jouais comme ça, pendant qu'on mangeait ?

GWENDOLINE, *abîmée dans un salut.* Oui, mon Seigneur.

LE ROI. Décidément, tu as tous les talents... Relève-toi.

*Il la relève, la caressant un peu en la relevant. Elle s'écarte, gênée.*

LE ROI, *avec un sourire méchant.* Ça te fait peur, mon petit cœur ? Bientôt tout sera en ordre. (*Il retourne au rideau.*) Hé ! Becket ! Assez bâfré* mes petits pères ! Venez donc écouter un peu de musique. La tripe satisfaite, il est bon de s'élever l'esprit. Joue, toi... (*Becket et les quatre barons, congestionnés, sont rentrés ; Gwendoline a repris son instrument. Le roi se vautre sur le lit bas, derrière elle. Les barons, avec des soupirs, dégrafent leur ceinturon, prennent place sur des sièges où ils ne vont pas tarder à s'assoupir. Becket reste debout.*) Dis-lui qu'elle nous chante quelque chose de triste... J'aime bien la musique un peu triste après dîner, cela aide à digérer... (*Il a un hoquet.*) On mange trop bien chez toi, Thomas. Où l'as-tu volé, ton cuisinier ?

BECKET. Je l'ai acheté, mon prince. C'est un Français.

LE ROI. Ah ? Tu n'as pas peur qu'il t'empoisonne ? Qu'est-ce que ça vaut un cuisinier français ?

BECKET. Un bon, comme celui-là, presque le prix d'un cheval, mon Seigneur.

C

LE ROI, *sincèrement indigné.* Quelle honte! Il n'y a plus de mœurs. Il n'y a pas d'homme qui vaille un cheval. Si je te disais: « Donnant-donnant » — tu te rappelles? — et que je te le demande, tu me le donnerais?

BECKET. Certainement, mon prince.

LE ROI *a un sourire, caressant doucement Gwendoline.* Je ne te le demande pas. Je ne veux pas trop bien manger tous les jours, ça abaisse l'homme. (*Il a encore un hoquet.*) Plus triste, plus triste, ma petite génisse... Ça ne passe pas, ce chevreuil. Fais-lui donc jouer la complainte qu'on a faite sur ta mère,* Becket. C'est celle que je préfère.

BECKET, *soudain fermé.* Je n'aime pas qu'on chante cette complainte-là, mon prince.

LE ROI. Pourquoi? Tu as honte d'être le fils d'une Sarrasine? C'est ce qui fait la moitié de ton charme, imbécile! Il y a bien une raison pour que tu sois plus civilisé que nous tous. Moi, je l'adore cette chanson-là. (*Gwendoline, incertaine, regarde Becket. Il y a un petit silence. Le roi dit, soudain, froid:*) C'est un ordre, petit Saxon.

BECKET, *fermé, à Gwendoline.* Chante.

*Elle prélude quelques mesures, tandis que le roi s'installe commodément contre elle, rotant d'aise, et commence:*

GWENDOLINE, *chantant.**
> Beau Sire Gilbert
> S'en alla-t-en guerre
> Par un beau matin
> Délivrer le cœur
> De notre Seigneur
> Chez les Sarrasins.
>
> Las! las! que mon cœur pèse
> D'être sans amour;
> Las! las! que mon cœur pèse
> Tout le long du jour!

LE ROI, *chantant.* Tout le long du jour!...

Après?

GWENDOLINE, *chantant.*

> Pendant la bataille
> D'estoc et de taille
> Maures pourfendit.
> Mais pris par traîtrise
> De sa jument grise
> Le soir il tombit.

> Las! las! que mon cœur pèse
> D'être sans amour;
> Las! las! que mon cœur pèse
> Tout le long du jour.

> Blessé à la tête
> Pris comme une bête
> Beau Gilbert s'en fut
> Au marché d'Alger
> De chaînes chargé
> Pour être vendu.

LE ROI, *chantant en la caressant.*

> Las! las! que mon cœur pèse
> D'être sans amour;
> Las! las! que mon cœur pèse
> Tout le long du jour...

GWENDOLINE.

> Belle Sarrasine
> Du pacha la fille
> S'en éprit d'amour
> Lui jura sa flamme
> Et d'être sa femme
> Et l'aimer toujours.

> Las! las! que mon cœur pèse
> D'être sans amour;
> Las! las! que mon cœur pèse
> Tout le long du jour.

LE ROI, *l'interrompant.*   Moi, c'est une histoire qui me tire les armes, mon fils!   J'ai l'air d'un dur, je suis un tendre...   On ne e refait pas...   Je me demande bien pourquoi tu n'aimes pas

qu'on la chante, cette chanson-là?...   C'est merveilleux d'être
un enfant de l'amour!   Moi, quand je vois la tête de mes
augustes père et mère, je tremble en pensant à ce qui a dû se
passer...   C'est merveilleux que ta mère ait fait évader ton père
et qu'elle soit venue le retrouver à Londres avec toi dans son
ventre.*   Chante-nous la fin, toi, j'adore la fin.

GWENDOLINE, *achevant doucement.*

> *Lors au Saint Évêque*
> *Demanda un prêtre*
> *Pour la baptiser*
> *Et en fit sa femme*
> *Lui donnant son âme*
> *Pour toujours l'aimer.*

> *Gai! gai! mon cœur est aise*
> *D'être plein d'amour;*
> *Gai! gai! mon cœur est aise*
> *D'être aimé toujours...*

LE ROI, *rêveur.*   Et il l'a toujours aimée?   Ce n'est pas arrangé
dans la chanson?

BECKET.   Non, mon prince.

LE ROI, *qui s'est levé tout triste.*   C'est drôle, c'est cette fin
heureuse, moi, qui me rend triste...   Tu y crois, toi, à l'amour?

BECKET, *toujours froid.*   A celui de mon père pour ma mère
oui, mon prince.

*Le roi a été jusqu'aux quatre barons qui se sont endormis sur leurs
chaises et ronflent maintenant.*

LE ROI, *leur donnant un coup de pied au passage.*   Ils se sont
endormis, les brutes!   C'est leur façon à eux de s'attendrir.   Tu
vois, mon petit Saxon, il y a des jours où j'ai l'impression qu'il
n'y a que toi et moi de sensibles, en Angleterre.   Nous mangeons
avec des fourchettes et nous avons des sentiments infiniment
distingués, tous les deux...   Tu auras fait de moi un autre
homme en quelque sorte...   Ce qu'il faudrait me trouver maintenant, si tu m'aimais, c'est une fille qui m'aide à me dégrossir.

'en ai assez des putains. (*Il est revenu vers Gwendoline. Il la
aresse un peu et dit soudain:*) Donnant-donnant. Tu te rappelles?

BECKET, *tout pâle, après un temps.* Je suis votre serviteur, mon
prince, et tout ce que j'ai est à vous. Mais vous avez bien voulu
me dire que j'étais aussi votre ami.

LE ROI. Justement, entre amis, ça se fait! (*Un petit temps.
Il sourit méchant, il caresse toujours Gwendoline, terrorisée.*) Tu
iens à elle, alors? Tu peux tenir à quelque chose, toi? Dis-le-
moi si tu y tiens? (*Becket ne répond pas. Le roi sourit.*) Tu es
incapable de mentir. Je te connais. Non parce que tu as peur
du mensonge — je crois bien que tu es le seul homme de ma
connaissance qui n'a peur de rien, même pas du Ciel — mais cela
e répugne... Cela te paraît inélégant. Tout ce qui semble être
de la morale, chez toi, c'est tout simplement de l'esthétique.
C'est vrai ou ce n'est pas vrai?

BECKET. C'est vrai, mon Seigneur.

LE ROI. Je ne triche pas en te la demandant? Je t'ai dit
donnant-donnant et je t'ai demandé ta parole de gentilhomme?

BECKET, *de glace.* Et je vous l'ai donnée.

*Un silence. Ils sont immobiles tous les deux. Le roi regarde
Becket, qui ne le regarde pas, avec un sourire méchant. Le roi bouge
soudain.*

LE ROI. Bon! Je rentre. J'ai envie de me coucher tôt
e soir. Charmante, ta soirée, Becket! Il n'y a décidément que
oi en Angleterre pour savoir traiter royalement tes amis...
(*Il va donner des coups de pied aux barons endormis.*) Aide-moi à
éveiller ces porcs et appelle mes gardes... (*Les barons se réveillent
vec des soupirs et des borborygmes, le roi leur crie les bousculant.*)
On rentre, barons, on rentre! Je sais que vous êtes des amateurs
de bonne musique, mais enfin, on ne peut pas écouter de la
musique toute la nuit!... Les bonnes nuits, ça se termine* au lit,
'est-ce pas, Becket?

BECKET, *tout raide.* Je demande à mon prince la grâce d'un
ourt instant.

LE ROI. Bon. Bon. Je ne suis pas une brute. Je vou
attends à ma litière, tous les deux. Tu me salueras en bas.

*Il est sorti, suivi des barons. Becket reste un instant immobile sous l
regard de Gwendoline qui ne l'a pas quitté, puis il dit enfin doucement*

BECKET. Tu vas devoir le suivre, Gwendoline.

GWENDOLINE *demande posément.* Mon Seigneur m'avai
promise à lui?

BECKET. J'avais donné ma parole de gentilhomme de lu
donner ce qu'il me demanderait. Je ne pensais pas que c
serait toi.

GWENDOLINE *demande encore.* S'il me renvoie demain, mo
Seigneur me reprendra-t-il?

BECKET, *fermé.* Non.

GWENDOLINE. Dois-je demander aux filles de mettre me
robes dans le coffre?

BECKET. Il l'enverra prendre demain. Descends. On n
fait pas attendre le roi. Tu lui diras que je le salue.

GWENDOLINE, *posant sa viole sur le lit.* Je laisse ma viole à mo
Seigneur. Il sait déjà presque en jouer. (*Elle demande tou
naturellement:*) Mon Seigneur n'aime rien au monde, n'est-ce pas

BECKET, *fermé.* Non.

GWENDOLINE *se rapproche et lui dit doucement.* Tu es d'un
race vaincue, toi aussi. Mais, à trop goûter le miel de la vie, t
as oublié qu'il restait quelque chose encore à ceux à qui on
tout pris.

BECKET, *impénétrable.* Oui, je l'ai sans doute oublié. L'hon
neur est une lacune chez moi. Va.

*Gwendoline sort. Becket ne bouge pas. Puis il va au lit, pren
la viole, la regarde, puis la jette soudain. Il tire la couverture d
fourrure et commence à défaire son pourpoint. Un garde entre
traînant la fille saxonne de la forêt qu'il jette au milieu de la pièc
Le roi paraît, hilare.*

LE ROI. Fils! tu l'avais oubliée! Tu vois comme tu e

toujours négligent! Heureusement que moi je pense à tout. Il paraît qu'il a fallu un petit peu tuer le père et le grand frère pour la prendre, mais la voilà tout de même. Tu vois que je suis ton ami et que tu as tort de ne pas m'aimer. Tu m'avais dit qu'elle te plaisait. Je ne l'ai pas oublié, moi. Bonne nuit, fils!

*Il sort, suivi du garde. La fille, encore ahurie, regarde Becket qui n'a pas bougé. Le reconnaissant, elle se relève et lui sourit. Un long temps, puis elle demande avec une sorte de coquetterie sournoise:*

LA FILLE. Il faut que je me déshabille, mon Seigneur?

BECKET, *qui n'a pas bougé.* Bien sûr. (*La fille commence à se déshabiller. Becket la regarde, l'œil froid, sifflant, l'air absent, quelques mesures de sa marche familière. Soudain, il s'arrête, va à elle, prend brutalement la fille ahurie et demi-nue, par les épaules et lui demande:*) J'espère que tu as une belle âme et que tu trouves tout cela bien ignoble, toi?

*Un valet paraît, muet, affolé, il s'arrête sur le seuil. Avant qu'il ait pu parler, le roi entre en courant presque. Il s'arrête, il dit, sombre:*

LE ROI. Je n'ai pas eu de plaisir, Thomas. Elle s'est laissé coucher comme une morte sur la litière et puis, soudain, elle a tiré un petit couteau je ne sais d'où. Il y avait du sang partout... C'était dégoûtant. (*Becket a lâché la fille. Le roi ajoute, hagard:*) Elle aurait aussi bien pu me tuer, moi! (*Un silence. Il dit soudain:*) Renvoie cette fille. Je vais coucher dans ta chambre ce soir; j'ai peur. (*Becket fait un signe au valet qui emmène la fille demi-nue. Le roi s'est jeté tout habillé sur le lit, avec un soupir de bête.*) Prends la moitié du lit.

BECKET. Je dormirai par terre, mon prince.

LE ROI. Non, viens contre moi.* Je ne veux pas être seul ce soir. (*Il le regarde et murmure:*) Tu me détestes, je ne vais même plus avoir confiance en toi...

BECKET. Vous m'avez donné votre sceau à garder, mon prince. Et les trois lions d'Angleterre qui sont gravés dessus me gardent, moi aussi.

*Il est allé souffler les chandelles, sauf une. Il fait presque noir.*

LE ROI, *la voix déjà embrouillée, dans l'ombre.* Je ne saurai jamais ce que tu penses...

*Becket qui a jeté une couverture de fourrure sur le roi et s'est étendu près de lui sur des coussins, lui dit doucement:*

BECKET. L'aube va venir, mon prince. Il faut dormir. C'est demain que nous passons sur le continent. Dans huit jours nous serons devant l'armée du roi de France et nous aurons enfin des réponses simples à tout.

*Il s'est étendu près du roi.   Il y a un silence pendant lequel, peu à peu, le ronflement du roi grandit.   Soudain, il a un gémissement et il se met à crier, s'agitant confusément:*

LE ROI, *dans son sommeil.* Ils me coursent!   Ils me coursent! Ils sont armés!   Arrête-les.   Arrête-les!

*Becket s'est dressé sur un coude; il touche le roi qui se réveille avec un grand cri de bête.*

BECKET. Mon prince...   Mon prince...   Dormez en paix, je suis là.

LE ROI.   Ah! tu es là, Thomas?   Ils me poursuivaient.

*Il se retourne et se rendort avec un soupir.   Peu à peu, son ronflement reprendra doucement.   Becket est resté dressé sur un coude; il le recouvre avec un geste presque tendre.*

BECKET. Mon prince...   Si tu étais mon vrai prince, si tu étais de ma race, comme tout serait simple.   De quelle tendresse je t'aurais entouré, dans un monde en ordre, mon prince. Chacun l'homme d'un homme, de bas en haut, lié par serment et n'avoir plus rien d'autre à se demander, jamais. (*Un petit temps.   Le ronflement du roi a grandi.   Becket soupire et dit avec un petit sourire:*) Mais moi, je me suis introduit en trichant, dans la file — double bâtard.   Dors tout de même, mon prince. Tant que Becket sera obligé d'improviser son honneur, il te servira.   Et si un jour, il le rencontre... (*Un petit temps.   Il demande:*) Mais où est l'honneur de Becket?

*Il s'est recouché avec un soupir, à côté du roi.   Le ronflement du roi se fait plus fort.   La chandelle grésille.   La lumière baisse encore...*

*Le rideau tombe.*

## Deuxième Acte

*Le rideau se relève sur le même décor de piliers enchevêtrés qui figure maintenant une forêt en France, où est dressée la tente du roi, encore fermée. Une sentinelle au loin. C'est le petit matin. Autour d'un feu de camp, les quatre barons accroupis cassent la croûte, en silence. Le premier demande, après un temps (leurs réactions à tous les quatre sont assez lentes):*

1ᵉʳ BARON.   Qui c'est,* ce Becket?

2ᵉ BARON, *légèrement surpris.*   C'est le chancelier d'Angleterre.

1ᵉʳ BARON.   J'entends; mais qui est-ce, au juste?

2ᵉ BARON.   Eh bien, le chancelier d'Angleterre! Et le chancelier d'Angleterre, c'est le chancelier d'Angleterre. Je ne vois pas quelle question on peut se poser à ce sujet.

1ᵉʳ BARON.   Tu ne comprends pas.  Une supposition que* le chancelier d'Angleterre ce soit un autre homme... Moi, par exemple...

2ᵉ BARON.   C'est une supposition idiote.

1ᵉʳ BARON.   C'est une supposition. Je serais aussi chancelier d'Angleterre, mais je ne serais pas le même chancelier d'Angleterre que Becket.  Ça, tu comprends?

2ᵉ BARON, *méfiant.*   Oui.

1ᵉʳ Baron.   Je peux donc me poser la question.

2ᵉ Baron.   Quelle question ?

1ᵉʳ Baron.   De savoir qui c'est, ce Becket.

2ᵉ Baron.   Comment qui c'est ce Becket ?  C'est le chancelier d'Angleterre.

1ᵉʳ Baron.   Oui, mais je me pose la question de savoir, en tant qu'homme, ce qu'il est.

2ᵉ Baron *le regarde et conclut, triste.*   Tu as mal quelque part ?

1ᵉʳ Baron.   Pourquoi ?

2ᵉ Baron.   Parce qu'un baron qui se pose des questions est un baron malade.  Ton épée qu'est-ce que c'est ?

1ᵉʳ Baron.   Mon épée ?

2ᵉ Baron.   Oui.

1ᵉʳ Baron, *la main sur la garde.*   C'est mon épée !  Et celui qui en doute...

2ᵉ Baron.   Bon.  Tu as répondu comme un gentilhomme. On n'est pas là pour se poser des questions, nous autres, on est là pour répondre.

1ᵉʳ Baron.   Justement.  Réponds-moi.

2ᵉ Baron.   Pas aux questions ! Aux ordres.  On ne te demande pas de penser dans l'armée.  Quand tu es devant un gens d'arme* français, tu te poses des questions ?

1ᵉʳ Baron.   Non.

2ᵉ Baron.   Et lui ?

1ᵉʳ Baron.   Non plus.

2ᵉ Baron.   Vous cognez tous les deux, c'est tout.  Si vous vous mettiez à vous questionner comme des femmes, il n'y aurait plus qu'à apporter des chaises sur le champ de bataille. Les questions à poser, dis-toi bien qu'elles ont été posées avant et par des plus malins que toi, en haut lieu.

1ᵉʳ Baron, *vexé.*   Je voulais dire que je ne l'aimais pas.

2ᵉ Baron.   Tu n'avais qu'à dire ça !  On t'aurait compris.

Ça, c'est ton droit.  Moi non plus, je ne l'aime pas.  (*Il ajoute comme si cela allait de soi.*)  D'abord, c'est un Saxon.

1er BARON.  D'abord!

3e BARON.  Il y a une chose qu'on ne peut pas dire, c'est qu'il ne se bat pas bien.  Hier, quand le roi était dans la presse, son écuyer tué, il s'est ouvert un passage à travers les Français, il lui a pris son oriflamme et il a attiré tout le monde à lui.

1er BARON.  D'accord, il se bat bien!

3e BARON, *au deuxième.*  Il se bat pas bien?

2e BARON, *buté.*  Si.  Mais c'est un Saxon.

1er BARON, *au quatrième qui n'a encore rien dit.*  Et toi, qu'est-ce que tu en penses, Regnault?

4e BARON *placide, avalant posément sa bouchée.*  J'attends.

1er BARON.  Qu'est-ce que tu attends?

4e BARON.  Qu'il se montre.  Il y a des gibiers comme ça, tu les suis tout le jour dans la forêt; au bruit, à l'odeur, à la trace... Mais ça ne servirait à rien de te précipiter l'épieu en avant; tu raterais tout, parce que tu ne sais pas au juste à quelle bête tu as affaire.  Faut que tu attendes.

1er BARON.  Quoi?

4e BARON.  Qu'elle se montre.  Et la bête, si tu es patient, elle finit toujours par se montrer.  La bête, elle en sait plus long que l'homme, presque toujours, mais l'homme il a quelque chose pour lui que la bête n'a pas: il sait attendre.  Moi, pour le Becket, j'attends.

1er BARON.  Quoi?

4e BARON.  Qu'il se montre.  Qu'il débusque.  (*Il s'est remis à manger.*)  Ce jour-là, on saura qui c'est.

On entend la petite marche de Becket sifflée en coulisse.

BECKET *entre, armé.*  Je vous salue, messieurs!  (*Les quatre barons se sont levés, polis.  Ils saluent militairement.  Becket demande:*)  Le roi dort encore?

1er BARON, *raide.*  Il n'a pas appelé.

BECKET.  Le maréchal de camp est venu présenter l'état des pertes?

1ᵉʳ BARON.  Non.

BECKET.  Pourquoi?

2ᵉ BARON, *bourru*.  Il en faisait partie, des pertes.

BECKET.  Ah?

1ᵉʳ BARON.  Je n'étais pas loin de lui quand c'est arrivé.  Un coup de lance l'a basculé.  Une fois par terre, la piétaille* s'en est chargée.

BECKET.  Pauvre Beaumont!  Il était si fier de son armure neuve.

2ᵉ BARON.  Il faut croire qu'elle avait un petit trou.  Ils l'ont saigné.  A terre.  Cochons de Français!

BECKET *a un geste*, *léger*.  C'est la guerre.

1ᵉʳ BARON.  La guerre est un sport comme un autre.  Il y a des règles.  Autrefois, on vous prenait à rançon.  Un chevalier contre un chevalier; ça c'était se battre!

BECKET *sourit*.  Depuis qu'on a donné des coutelas à la piétaille, la lançant contre les chevaux sans aucune protection personnelle, elle a un peu tendance à chercher le défaut de l'armure des chevaliers qui ont l'imprudence de tomber de cheval.  C'est ignoble, mais je la comprends.

1ᵉʳ BARON.  Si on se met à comprendre la piétaille, ça ne sera plus des guerres, ça sera des boucheries!

BECKET.  Le monde va certainement vers des boucheries, Baron.  La leçon de cette bataille, qui nous a coûté trop cher, est que nous devons former, nous aussi, des compagnies de coupe-jarrets,* voilà tout.

1ᵉʳ BARON.  Et l'honneur du soldat, Seigneur chancelier?

BECKET, *un peu sec*.  L'honneur du soldat, Baron, c'est de vaincre.  Ne soyons pas hypocrites.  La noblesse normande s'est fort bien chargée de l'apprendre à ceux qu'elle a vaincus. Je réveille le roi.  Notre entrée dans la ville est prévue pour huit

heures et le *Te Deum* à la cathédrale à neuf heures et quart.
Il serait impolitique de faire attendre l'évêque français. Il faut
que ces gens-là collaborent avec nous de bon cœur.

1er BARON *grommelle*. De mon temps, on égorgeait tout et on
entrait après!

BECKET. Dans une ville morte. Je veux donner au roi des
villes vivantes qui l'enrichissent. A partir de ce matin, huit
heures, je suis le meilleur ami des Français.

1er BARON *demande encore*. Et l'honneur anglais, alors?

BECKET, *doucement*. L'honneur anglais, Baron, en fin de
compte, ça a toujours été de réussir.*

*Il est entré dans la tente du roi, souriant. Les quatre barons se
regardent, hostiles.*

2e BARON *murmure*. Quelle mentalité!

4e BARON *conclut sentencieux*. Il faut l'attendre. Un jour, il
débusquera.

*Les quatre barons s'éloignent. Becket lève le rideau de la tente et
l'accroche. On aperçoit le roi couché avec une fille.*

LE ROI, *bâillant*. Bonjour, mon fils! Tu as bien dormi?

BECKET. Un petit souvenir français à l'épaule gauche m'en a
empêché, mon prince. J'en ai profité pour réfléchir.

LE ROI, *soucieux*. Tu réfléchis trop. Ça finira par te jouer
un mauvais tour. C'est parce qu'on pense, qu'il y a des pro-
blèmes. Un jour, à force de penser, tu te trouveras devant un
problème, ta grosse tête te présentera une solution et tu te
flanqueras dans une histoire impossible — qu'il aurait été beaucoup plus simple d'ignorer, comme le font la plupart des imbéciles
qui, eux, vivent vieux.* Qu'est-ce que tu en dis de ma petite
Française? J'adore la France, moi!

BECKET *sourit*. Moi aussi, mon prince, comme tous les
Anglais.

LE ROI. Il y fait chaud, les filles sont belles, le vin est bon.
Je compte y passer quelques semaines tous les hivers.*

BECKET.   Il n'y a qu'un ennui, c'est que ça coûte cher.   Près de deux mille hommes hors de combat hier.

LE ROI.   Beaumont a fait ses comptes?

BECKET.   Oui.   Et il s'est ajouté à la liste.

LE ROI.   Blessé?   (*Becket ne répond pas, le roi frissonne.   Il dit, sombre, soudain:*) Je n'aime pas apprendre la mort des gens que je connais.   J'ai l'impression que ça va lui donner des idées*...

BECKET.   Mon prince, voyons-nous les affaires?   Nous n'avons pas dépouillé les dépêches, hier.

LE ROI.   Hier, on s'est battus!*   On ne peut pas tout faire.

BECKET.   C'était vacances!   Il faut travailler double aujourd'hui.

LE ROI, *ennuyé.*   Avec toi, ça finirait par être ennuyeux, d'être roi.   Toujours à se préoccuper des autres...   Il me semble que j'entends l'archevêque.   Tu étais meilleur compagnon autrefois!   Moi, quand je t'ai nommé chancelier, avec tous les revenus attachés à la charge, j'ai cru que tu allais tout simplement faire deux fois plus la fête, voilà tout!

BECKET.   Mais je m'amuse, moi, mon prince, en ce moment. Je m'amuse beaucoup.

LE ROI.   Travailler au bien de mes peuples, cela t'amuse, toi? Tu les aimes ces gens-là?   D'abord, ils sont trop nombreux. On ne peut pas les aimer, on ne les connaît pas!   Et puis, tu mens, tu n'aimes rien.

BECKET, *net soudain.*   J'aime au moins une chose, mon prince, et cela j'en suis sûr.   Bien faire ce que j'ai à faire.*

LE ROI, *goguenard.*   Toujours l'é... l'é..., comment c'est ton mot, je l'ai oublié?

BECKET *sourit.*   L'esthétique?

LE ROI.   L'esthétique!   Toujours l'esthétique?

BECKET.   Oui, mon prince.

LE ROI, *tapant sur la croupe de la fille.*   Et ça, ce n'est pas de l'esthétique?   Il y a des gens qui s'extasient sur les cathédrales.

Ça aussi, c'est réussi! Quelle rondeur... (*Il demande, naturel comme s'il proposait une dragée:*) Tu en as envie?

BECKET, *souriant.* Les affaires, mon prince!

LE ROI, *boudeur, comme un mauvais élève.* Bon! Les affaires. Je t'écoute. Assieds-toi.

BECKET, *s'asseyant familièrement près de lui, la fille entre eux, médusée.* Les nouvelles ne sont pas bonnes, mon prince.

LE ROI *a un geste insouciant.* Les nouvelles ne sont jamais bonnes! C'est connu. La vie n'est faite que de difficultés. Le secret, car il y en a un, mis au point par plusieurs générations de philosophes légers, c'est de ne leur accorder aucune importance. Elles finissent par se manger les unes les autres et tu te retrouves dix ans plus tard ayant tout de même vécu. Les choses s'arrangent toujours...

BECKET. Oui. Mais mal. Mon prince, quand vous jouez à la paume ou à la crosse,* laissez-vous les choses s'arranger? Attendez-vous la balle dans votre raquette en disant: « Elle finira bien par venir? »

LE ROI. Je t'arrête. Il s'agit là de choses sérieuses. Une partie de paume c'est important, ça m'amuse.

BECKET. Et si je vous apprenais que gouverner, cela peut être aussi amusant qu'une partie de cricket? Allons-nous laisser la balle aux autres, mon prince, ou allons-nous tâcher de marquer le point tous les deux, comme deux bons joueurs anglais?*

LE ROI, *réveillé soudain par l'intérêt sportif.* Le point, pardieu, le point! Au mail,* je me crève, je tombe, je me désosse,* je triche au besoin, mais je n'abandonne jamais le point!

BECKET. Eh bien, voilà où en est le score.* Lorsque je fais la synthèse de toutes les informations que j'ai reçues de Londres depuis que nous sommes passés sur le continent, une chose me frappe: c'est qu'il y a en Angleterre une puissance qui grandit jusqu'à concurrencer la vôtre, mon Seigneur, c'est celle de votre clergé.

LE ROI. Nous avons fini par obtenir qu'ils paient la taxe.* C'est déjà quelque chose!

BECKET. C'est un peu d'argent. Et ils savent qu'on calme toujours les princes avec un peu d'argent. Mais ces gens-là s'y entendent admirablement pour reprendre d'une main ce qu'ils ont dû lâcher de l'autre. C'est un petit tour d'escamoteur pour lequel ils ont des siècles d'expérience derrière eux.

LE ROI, *à la fille.* Écoute, ma petite caille,* instruis-toi. Le monsieur dit des choses profondes!

BECKET, *jouant le même jeu, léger.* Petite caille française, instruis-nous plutôt. Que préférerais-tu quand tu seras mariée — si tu te maries malgré les accrocs de ta vertu — être la maîtresse chez toi ou que le curé de ton village y vienne faire la loi?

LE ROI, *un peu vexé, se dresse soudain à genoux sur le lit, cachant la fille ahurie sous un édredon.* Soyons sérieux, Becket! Les prêtres sont toujours à intriguer, je le sais. Mais je sais aussi que je peux les briser quand je veux.

BECKET. Soyons sérieux, Altesse. Si vous ne brisez pas tout de suite, dans cinq ans, il y aura deux rois en Angleterre. L'Archevêque-primat de Cantorbéry et vous. Et, dans dix ans, il n'y en aura plus qu'un.

LE ROI *demande, un peu penaud.* Et ça ne sera pas moi?

BECKET, *froid.* Je le crains.

LE ROI *crie soudain.* Ce sera moi, Becket! Chez les Plantagenêt* on ne se laisse rien prendre! A cheval! A cheval, Becket et pour la grandeur de l'Angleterre! Sus aux fidèles! Pour une fois ça nous changera.*

*L'édredon s'agite soudain. La fille en sort ébouriffée, congestionnée, suppliant:*

LA FILLE. J'étouffe, Seigneur!

LE ROI *la regarde, étonné, il l'avait oubliée. Il éclate de rire.* Qu'est-ce que tu fais là, toi? Tu espionnes pour le compte du clergé? File à côté! Habille-toi et rentre chez toi. Donne-lui une pièce d'or, Thomas.

LA FILLE *rassemble ses hardes et s'en cache, elle demande:* Je dois revenir au camp ce soir, Seigneur?

Le Roi, *exaspéré.* Oui. Non. Je ne sais pas! On s'occupe de l'Archevêque en ce moment, pas de toi! File! (*La fille disparaît dans l'arrière-tente. Le roi crie:*) A cheval Thomas! Pour la grandeur de l'Angleterre, avec mon gros poing et ta grosse tête, on va faire du bon travail tous les deux! (*Il est inquiet soudain, il change de ton.*) Une minute. On n'est jamais sûr d'en retrouver une qui fasse aussi bien l'amour. (*Il va vers l'arrière-tente et crie:*) Reviens ce soir, mon ange. Je t'adore! Tu as les plus jolis yeux du monde!... (*Il revient et confie à Becket.*) Il faut toujours leur dire ça, même quand on les paie, si on veut vraiment avoir du plaisir avec elles. Ça aussi, c'est de la haute politique! (*Sa peur de petit garçon devant les prêtres lui revient soudain.*) Et Dieu, qu'est-ce qu'il dira de tout ça? Après tout ce sont ses évêques.

Becket *a un geste léger.* Nous ne sommes plus des petits garçons. Vous savez très bien qu'on finit toujours par s'arranger avec Dieu, sur la terre... Allez vite vous habiller, mon prince. Nous entrons dans la ville à huit heures et « Il » nous attend dans sa cathédrale à neuf heures et quart, pour le *Te Deum.* Avec des petites politesses, on le calme très bien.

Le Roi, *qui le regarde, plein d'admiration.* Quelle canaille tu fais!*... (*L'embrassant soudain gentiment.*) Je t'aime, mon Thomas! Avec un premier ministre ennuyeux, je n'aurais eu le courage de rien!

Becket *se dégage avec un imperceptible agacement, que le roi ne voit pas.* Vite, mon prince! Maintenant, nous allons être en retard.

Le Roi, *filant.* Je suis prêt dans un instant! Je me fais raser?

Becket *sourit.* Il vaudrait mieux, après deux jours de bataille...

Le Roi. Que de frais pour des Français vaincus! Je me demande parfois si tu ne raffines pas un peu trop, Thomas.

*Il est sorti. Becket ferme la tente comme deux soldats amènent un petit moine, les mains liées.*

Becket. Qu'est-ce que c'est?

Le Soldat.   Un petit moine qu'on vient d'arrêter, Seigneur.
Il rôdait autour du camp.   Il avait un couteau sous sa robe.
On l'amène au prévôt.

Becket.   Tu as le couteau? (*Le soldat le lui tend. Becket
regarde le couteau, puis le petit moine.*)   Tu es Français?

Le Petit Moine.   No, I am English.

Becket.   D'où?

Le Petit Moine, *sombre, jette comme une insulte.*   Hastings!

Becket, *amusé.*   Tiens! (*Au soldat.*)   Laissez-le moi.   Je vais
l'interroger.

Le Soldat.   C'est qu'il est turbulent, Seigneur.   Il se
débattait comme un vrai diable.   Il a fallu se mettre à quatre
pour lui prendre son couteau et lui lier les mains.   Il a blessé le
sergent.   On l'aurait bien abattu tout de suite, mais le sergent
a fait remarquer qu'il y aurait peut-être des choses à lui faire dire.
C'est pour ça qu'on l'amène au prévôt.   (*Il ajoute:*) C'était pour
vous dire qu'il est mauvais*...

Becket, *qui n'a pas cessé de regarder curieusement le petit moine.*
C'est bien.   Restez à distance. (*Les soldats s'éloignent. Becket
regarde toujours le petit moine, jouant avec le couteau.*)   Qu'est-ce
que tu fais, dans ton couvent, avec ça?

Le Petit Moine.   I cut my bread with it.

Becket, *calme.*   Parle donc français, tu le sais très bien.

Le Petit Moine *ne peut s'empêcher de crier.*   How do you
know it?

Becket.   Je sais très bien le saxon et très bien le français.   Et
quand un Saxon sait les deux langues, je l'entends.   Tout se
déforme, mon petit, même le saxon. (*Il ajoute, sec:*) Et, au point
où tu en es, il vaut autant pour toi qu'on te croie Français que
Saxon.   C'est moins mal vu.

Le Petit Moine, *après un temps, soudain.* J'ai accepté de
mourir.

Becket *sourit.*   Après.   Mais avant, avoue que c'est stupide?

(*Il regarde le couteau qu'il tient toujours entre deux doigts.*) C'était pour qui cet instrument de cuisine? (*Le petit moine ne répond pas.*) Avec ça, tu ne pouvais espérer tuer qu'une fois. Tu n'as pas fait le voyage pour un simple soldat normand, j'imagine?

> *Le petit moine ne répond pas.*

BECKET, *un peu plus sec.* Mon petit bonhomme, ils vont te passer à la question. Tu n'as jamais vu ça? Moi, il m'est arrivé professionnellement d'être tenu d'y assister. On croit qu'on a de la force d'âme, mais ils sont terriblement ingénieux et ils ont une science de l'anatomie que nos ânes de médecins devraient bien leur emprunter. Crois-en mon expérience, on parle toujours. Si je me porte garant que tu as tout avoué, cela sera plus court, pour toi. C'est appréciable. (*Le moine ne répond pas.*) D'ailleurs, il y a un détail amusant dans cette histoire. Tu dépends directement de ma juridiction. Le roi m'a donné les titres et les bénéfices de toutes les abbayes de Hastings en me faisant chancelier. Il a dû y mettre de la malice en choisissant justement cet endroit-là,* mais j'ai fait semblant de ne pas m'en apercevoir.

LE PETIT MOINE *a un recul et demande:* Vous êtes Becket?

BECKET. Oui. (*Il regarde le couteau qu'il tient toujours entre deux doigts, un peu dégoûté.*) Tu ne coupais pas seulement ton pain. Il pue l'oignon, ton couteau, comme un couteau de vrai petit Saxon. Ils sont bons, hein, les oignons d'Hastings? (*Il regarde encore le couteau avec un étrange sourire, puis le petit moine muet.*) Tu ne m'as toujours pas dit pour qui? Si c'était pour moi, avoue que le moment est rudement bien choisi, à ce détail près que c'est moi qui tiens le couteau. (*Le moine ne répond pas.*) Tu sais plusieurs langues, mais tu es muet. Notre dialogue n'ira pas loin, je le sens. Si c'était pour le roi, cela n'avait aucun sens, mon petit. Il a trois fils. Les rois, ça repousse! Tu croyais délivrer ta race à toi tout seul?

LE PETIT MOINE. Non. (*Il ajoute, sourdement:*) Me délivrer moi.

BECKET. De quoi?

LE PETIT MOINE.   De ma honte.

BECKET, *soudain plus grave.*   Quel âge as-tu?

LE PETIT MOINE.   Seize ans.

BECKET, *doucement.*   Il y a cent ans que les Normands occupent l'île.   Elle est vieille, la honte.   Ton père et ton grand-père l'ont bue.   La coupe est vide maintenant.

LE PETIT MOINE.   Non.

BECKET *a comme une ombre dans le regard; il continue doucement:* Alors, un beau matin, à seize ans, tu t'es réveillé dans ta cellule, à la cloche du premier office, dans la nuit.   Et c'est les cloches qui t'ont dit de reprendre toute la honte à ton compte?

LE PETIT MOINE *a comme un cri de bête traquée.*   Qui vous a dit ça?

BECKET, *doucement, négligent.*   Je t'ai dit que j'étais polyglotte. (*Il demande, indifférent:*) Tu sais que je suis Saxon comme toi?

LE PETIT MOINE, *fermé.*   Oui.

BECKET, *souriant.*   Crache.   Tu en as envie.

        *Le petit moine le regarde un peu ahuri, puis il crache.*

BECKET *toujours souriant.*   Cela fait du bien, n'est-ce pas? (*Il parle net, soudain.*)   Le roi m'attend et notre conversation serait trop longue.   Mais je tiens à te garder en vie, pour l'avoir avec toi un de ces jours. (*Il ajoute, léger:*) C'est du pur égoïsme, tu sais...   Ta vie n'a évidemment aucune importance pour moi, mais il est très rare que le destin vous amène votre propre fantôme, jeune. (*Il appelle:*) Soldat! (*Le soldat revient et se fige au garde-à-vous dans un bruit d'armes.*)   Va me chercher le prévôt tout de suite. (*Le soldat part en courant, Becket revient au petit moine, muet.*)   Un matin charmant, n'est-ce pas? Ce soleil déjà chaud sous cette très légère brume...   C'est très beau, la France!   Mais je suis comme toi, je préfère le solide brouillard de la lande d'Hastings.   C'est du luxe, le soleil.   Et nous sommes d'une race qui méprisait le luxe, tous les deux... (*Le prévôt du camp s'est avancé, suivi du soldat.   C'est un personnage important, mais Becket est inaccessible, même pour un prévôt, cela se sent.*)

Monsieur le Prévôt, vos hommes ont arrêté ce moine qui rôdait autour du camp. C'est un convers du couvent de Hastings et il dépend directement de ma juridiction. Vous allez prendre vos dispositions pour le faire repasser en Angleterre et le faire emmener au couvent où son abbé devra le garder à vue, jusqu'à mon retour. Aucune charge particulière contre lui, pour l'instant. J'entends qu'il soit traité sans brutalité, mais étroitement surveillé. Vous m'en répondez.

Le Prévôt. Bien, mon Seigneur.

*Il fait un signe. Les soldats ont encadré le petit moine. Ils l'emmènent sans que Becket ait eu un nouveau regard pour lui. Resté seul, Becket regarde le couteau, la narine offensée, il murmure, reniflant, un peu dégoûté.*

Becket. C'est touchant, mais cela pue tout de même.. (*Il jette le couteau au loin, siffle sa petite marche, se dirigeant vers la tente. Il entre dans la tente, criant, léger:*) Eh bien, mon prince, vous vous êtes fait beau? Il est temps de partir ou nous allons faire attendre l'évêque!...

*Des cloches joyeuses éclatent soudain. La tente disparaît dès que Becket y est entré. Le décor se transforme, une petite perspective de rue descend des cintres.*

*La rue. Ce sont les mêmes piliers mais les soldats faisant la haie les garnissent soudain d'oriflammes. Le roi et Becket avancent dans la ville, à cheval, précédés de deux trompettes, le roi légèrement en avant sur Becket et suivis tous deux des quatre barons. Bruit des acclamations de la foule. Cloches. Trompettes pendant toute la scène.*

Le Roi, *ravi, saluant.* Ils nous adorent ces Français!

Becket. Cela m'a coûté assez cher. J'ai fait distribuer de l'argent à la populace ce matin. Les bourgeois, en revanche, boudent chez eux.

Le Roi *demande.* Patriotes?

Becket. Non. Mais ils m'auraient coûté trop cher. Il y a aussi, dans la foule, un certain nombre de soldats de Votre Altesse, déguisés pour entraîner les hésitants.

LE ROI. Pourquoi joues-tu toujours à tuer toutes mes illusions? Je me croyais aimé pour moi-même! Tu es un homme amoral, Becket. (*Il demande soudain inquiet:*) On di amoral ou immoral?

BECKET *sourit.* Cela dépend de ce qu'on veut dire. La seule chose qui soit immorale, mon prince, c'est de ne pas faire ce qu'il faut, quand il le faut.

LE ROI, *saluant la foule, gracieux.* En somme, c'est un remède auquel tu ne crois pas, la morale?

BECKET, *saluant aussi après lui.* Seulement pour l'usage externe, mon prince.

LE ROI. Elle est jolie, la petite à droite sur le balcon! Si on s'arrêtait?

BECKET. Impossible, l'horaire du cortège est très strict et l'évêque nous attend à la cathédrale.

LE ROI. Ça serait tout de même plus amusant que d'aller voir un évêque. J'en ai trop vu, d'évêques! J'en ai une indigestion Repère la maison.

BECKET. C'est noté. En face de l'Hôtellerie du Cerf, rue des Tanneurs.

LE ROI, *étonné.* Tu es un homme étonnant. Tu connais cette ville?

BECKET. J'y ai étudié le français.* Mon père avait tenu à celle-là. C'est celle où l'accent y est le plus pur.

LE ROI. Alors, tu connais toutes les femmes, ici?

BECKET, *souriant.* Oui. Mais elles ont dû vieillir. Mon Seigneur, vous vous rappelez de* ce que vous devez dire à l'évêque?

LE ROI, *saluant.* Mais oui, mais oui! Tu penses comme ça peut être important, ce que j'ai à dire à un évêque français, dont je viens de prendre la ville par force!

BECKET. Très important. Pour notre politique à venir.

LE ROI. Je suis le plus fort ou je ne suis pas le plus fort?

BECKET. Vous êtes le plus fort, aujourd'hui. C'est pourquoi il faut être particulièrement courtois avec l'évêque. Vous paraîtrez à cet homme mille fois plus fort encore.

LE ROI. Courtois! Avec un vaincu! Mon grand-père, quand on lui avait résisté, lui, égorgeait tout le monde. On s'amollit depuis l'invention des fourchettes!

BECKET. Mon prince, il ne faut jamais désespérer son ennemi. Cela le rend fort. La douceur est une meilleure politique. Elle dévirilise. Une bonne occupation ne doit pas briser, elle doit pourrir.

LE ROI, *goguenard*. Tu vas me donner des leçons d'occupation, toi, petit Saxon?

BECKET. Justement, mon prince. J'ai eu cent ans pour y penser.

LE ROI, *saluant, gracieux*. Et mon plaisir, qu'est-ce que tu en fais? Si ça me chantait à moi d'entrer dans ce tas de mangeurs de grenouilles* tout de suite au lieu d'aller faire le singe à leur *Te Deum*? Je peux bien me passer un plaisir, non? Je suis le vainqueur.

BECKET. Ce serait une faute. Et pire, une faiblesse. On peut tout se permettre, mon prince, mais il ne faut rien se passer.*

LE ROI. Bien, papa! Quel cafard tu fais* aujourd'hui. Regarde la jolie rousse debout sur la fontaine! Donne des ordres pour que le cortège suive le même chemin au retour. (*Il avance, la tête tournée sur son cheval, pour voir encore la fille jusqu'à la limite du possible. Ils sont passés, les quatre barons fermant la marche. Bruit d'orgues. Les oriflammes disparaissent avec les soldats: c'est la cathédrale. Le décor est vide. On entend les orgues, des accords, l'organiste s'exerce, puis on pousse, côté cour,* une sorte de cloison qui figure la sacristie. Le roi, habillé pour la cérémonie, les barons, un prêtre inconnu et un enfant de chœur entrent. Ils semblent attendre. Le roi, impatienté, s'assied sur un tabouret. Becket n'est pas là.*) Mais où est Becket? Et qu'est-ce qu'on attend?

1er Baron. Il a seulement dit d'attendre, mon Seigneur. Qu'il y avait quelque chose qui n'était pas tout à fait au point.

Le Roi *se lève et marche de mauvaise humeur.* Que de cérémonies pour un évêque français! De quoi ai-je l'air, moi, à faire le pied de grue dans cette sacristie, comme un jeune marié?

4e Baron. C'est bien mon avis, mon Seigneur. Je ne comprends pas qu'on n'entre pas. Après tout, elle est à vous cette cathédrale, maintenant! (*Il demande:*) On y fonce tout de même, l'épée au poing, mon Seigneur?

Le Roi, *soucieux, allant se rasseoir sagement.* Non. Becket ne serait pas content. Et il en sait tout de même plus long que nous sur ce qu'il convient de faire. S'il nous fait attendre, c'est qu'il doit y avoir une raison. (*Becket entre affairé.*) Alors, Becket? On gèle ici! Qu'est-ce qu'ils ont ces Français à nous faire moisir dans leur sacristie?

Becket. C'est moi qui en ai donné l'ordre, mon Seigneur. Une mesure de sécurité. Les hommes de ma police ont la certitude qu'un soulèvement français devait éclater pendant la cérémonie.

*Le roi s'est levé.*

2e Baron *tire son épée imité des autres.* Tudieu!

Becket. Rentrez vos armes. Ici, le roi ne risque rien. J'ai fait garder les issues.

2e Baron. Nous permettez-vous d'aller nettoyer tout ça, mon prince? Avec nous, ça ne traînera pas.

4e Baron. On entre dedans?

Becket, *sec.* Je vous l'interdis. Nous ne sommes pas en nombre. Je fais entrer de nouvelles troupes dans la ville et évacuer la cathédrale. Jusqu'à ce que ce soit fini, je vous remets la personne du roi, messieurs. Mais rentrez vos armes. Pas de provocation, s'il vous plaît. Nous sommes à la merci d'un incident et je n'ai encore que les cinquante hommes d'escorte dans la ville.

Le Roi *tire Becket par la manche.* Becket! Ce prêtre est Français?

BECKET, *qui l'a regardé.* Oui, mais il fait partie de l'entourage immédiat de l'évêque. Et l'évêque nous est acquis.

LE ROI. Tu sais comme nous pouvons compter sur les évêques anglais... Je te laisse à penser d'un évêque français !... Cet homme a un regard qui ne me paraît pas franc.

BECKET. L'évêque ?

LE ROI. Non. Ce prêtre.

BECKET, *qui a regardé le prêtre, éclate de rire.* Je pense bien, mon prince, il louche ! Je vous assure que c'est tout ce qu'il a d'inquiétant. Il serait maladroit de lui demander de sortir. Et, d'ailleurs, même s'il avait un poignard, vous avez votre cotte et quatre de vos barons. Je vais contrôler l'évacuation de la nef.

*Il va sortir, le roi le rattrape.*

LE ROI. Becket ! (*Becket s'arrête.*) Et l'enfant de chœur ?

BECKET, *riant.* Il est grand comme ça !

LE ROI. C'est peut-être un nain. Avec ces Français, on ne sait jamais. (*Il attire Becket à lui.*) Becket, nous avons parlé un peu légèrement ce matin. Tu es sûr que ce n'est pas Dieu qui se venge ?

BECKET *sourit.* Sûrement pas. C'est tout simplement, je le crains, ma police qui a pris peur ou qui fait du zèle. Les policiers ont un peu tendance à voir des assassins partout, pour se faire valoir. Mais bah ! Nous entendrons ce *Te Deum* dans une église déserte, voilà tout.

LE ROI, *amer.* Et moi qui croyais tout à l'heure que ces gens-là m'adoraient ! Tu ne leur as peut-être pas fait distribuer assez d'argent ?

BECKET. On n'achète que ceux qui sont à vendre, mon prince. Et ceux-là, précisément, ne sont pas dangereux. Pour les autres, c'est loups contre loups. Je reviens tout de suite vous rassurer.

*Il sort.*

*Le roi commence à observer avec inquiétude les évolutions du prêtre qui fait les cent pas, marmonnant des prières. Il appelle :*

LE ROI.   Baron!

*Le quatrième baron qui est le plus près du roi s'avance et demande de
sa voix tonitruante:*

4e BARON.   Mon Seigneur?

LE ROI, *le faisant taire.*   Chut!   Surveillez cet homme, tous
les quatre et, au moindre geste, sautez-lui dessus.   (*Petit manège
comique des barons et du prêtre qui commence à être inquiet, lui aussi.
On frappe soudain brutalement à la porte de la sacristie. Le roi
sursaute:*) Qu'est-ce que c'est?

UN SOLDAT *entre.*   Un messager de Londres, Seigneur.   Il
vient du camp.   On l'a envoyé ici.   Le message est urgent.

LE ROI, *soucieux.*   C'est louche.   Va voir, Regnault.

     *Le quatrième baron sort et revient, rassuré.*

4e BARON.   C'est Guillaume de Corbeil, mon Seigneur.   Il a
des lettres urgentes.

LE ROI.   Tu es bien sûr que c'est lui?   Ce n'est pas un
Français qui se serait fait sa tête?*   Le coup est classique.

4e BARON *éclate de rire.*   Je le connais, mon prince!   J'ai vidé
plus de pintes avec lui qu'il n'a de poils sur la gueule.   Et il en a,
le cochon!

*Le roi fait un geste.   Le 4e baron introduit le messager qui présente
ses lettres au roi, un genou en terre.*

LE ROI.   Merci.   Relève-toi.   Tu as une belle barbe,
Guillaume de Corbeil!   Elle tient bien?

LE MESSAGER, *se relevant, ahuri.*   Ma barbe?

     *Le 4e baron rigole et lui tape sur l'épaule.*

4e BARON.   Ce vieux cher hérisson!

LE ROI, *qui a parcouru les lettres.*   De bonnes nouvelles, messieurs.   Nous avons un ennemi de moins.   (*Il crie joyeusement à
Becket qui rentre:*) Becket!

BECKET.   Tout s'arrange, mon prince, les troupes sont en
route.   Nous n'avons plus qu'à attendre ici tranquillement.

LE ROI, *joyeux.*  Tout s'arrange, en effet, Becket! Dieu ne nous en veut pas.  Il vient de rappeler à lui l'Archevêque!

BECKET *murmure, frappé.*  Ce vieux petit homme... Comment ce faible corps pouvait-il renfermer tant de force?

LE ROI.  Hé là, hé là! Ne gaspille pas ta tristesse, mon fils.  Je considère personnellement ça comme une excellente nouvelle!

BECKET.  C'est le premier Normand qui se soit intéressé à moi.  Il a véritablement été comme un père pour moi.  Dieu ait son âme!

LE ROI.  Rassure-toi.  Après tout ce qu'il a fait pour Lui, il est au ciel — où il sera infiniment plus utile à Dieu qu'à nous.  Tout est donc pour le mieux! (*Il l'attire à lui.*) Becket! Mon petit Becket.  Je crois que nous tenons la balle.  C'est maintenant qu'il s'agit de marquer le point. (*Il l'a entraîné par le bras, tendu, transformé.*) Il est en train de me venir une idée extraordinaire, Becket!  Un coup de maître à jouer.  Je ne sais pas ce que j'ai, ce matin, mais je me sens tout d'un coup extrêmement intelligent.  C'est peut-être d'avoir fait l'amour à une Française, cette nuit!  Je suis subtil, Becket, je suis profond.  Si profond que j'en ai une sorte de vertige.  Tu es sûr que ce n'est pas dangereux de penser trop fort?  Thomas, mon petit Thomas! Tu m'écoutes?

BECKET, *souriant de son exaltation.*  Oui, mon prince.

LE ROI, *excité comme un petit garçon.*  Tu m'écoutes bien? Écoute, Thomas!  Tu m'as dit une fois que les idées les meilleures, c'était les plus bêtes, mais qu'il suffisait d'y penser.  Écoute, Thomas!  La coutume m'empêche de toucher aux privilèges de la primatie.  Tu me suis bien?

BECKET.  Oui, mon prince...

LE ROI.  Mais si le Primat est mon homme?  Si l'Archevêque de Cantorbéry est pour le roi, en quoi peut me gêner son pouvoir?

BECKET.  C'est ingénieux, mon prince, mais vous oubliez que l'élection est libre.

LE ROI. Non! C'est toi qui oublies la main royale!* Tu sais ce que c'est? Quand le candidat déplaît au trône, le roi envoie son justicier à l'assemblée des évêques et c'est le roi qui a le dernier mot. Ça aussi, c'est une coutume et, pour une fois, elle m'est favorable! Il y a cent ans que l'assemblée des évêques n'a pas élu contre le vœu du roi!

BECKET. Sans doute, mon Seigneur. Mais nous les connaissons, tous vos évêques. Duquel serez-vous assez sûr? La mitre de Primat coiffée, un vertige les gagne.

LE ROI. Tu me le demandes, Becket? De quelqu'un qui ne connaît pas le vertige... de quelqu'un qui n'a même pas peur du Ciel. Thomas, mon fils, j'ai besoin de toi encore et c'est sérieux, cette fois. Je regrette de te priver des filles de France et des batailles, mon fils, mais le plaisir sera pour plus tard. Tu vas passer en Angleterre.

BECKET. Je suis à vos ordres, mon prince.

LE ROI. Tu devines quelle y sera ta mission?

BECKET, *sur le visage duquel se lit déjà comme une angoisse de ce qui va suivre.* Non, mon prince.

LE ROI. Tu y porteras des lettres personnelles de moi, à chaque évêque en particulier. Et tu sais ce que contiendront ces lettres, mon Thomas, mon petit frère? Ma volonté royale de te voir élire Primat.

BECKET, *qui est comme pétrifié soudain, tout pâle, essaie de rire.* C'est une plaisanterie, mon prince? Voyez un peu l'homme édifiant, le saint homme, que vous voudriez charger de ces saintes fonctions!* (*Il a écarté son bel habit comiquement.*) Ah, mon prince, la bonne farce! (*Le roi éclate de rire, Becket rit aussi, trop fort, soulagé.*) Quel bel archevêque j'aurais fait! Regardez mes nouvelles chaussures! C'est la dernière mode de Paris. N'est-ce pas gracieux, ce petit retroussis? N'est-ce pas plein d'onction et de componction?

LE ROI, *cessant de rire soudain.* Fous-moi la paix avec tes chaussures, Thomas! Je suis sérieux en ce moment. J'écrirai les lettres avant midi. Tu m'aideras.

BECKET, *blême, balbutie, figé à nouveau.*    Mais je ne suis même pas prêtre, mon Seigneur.

LE ROI, *net.*    Tu es diacre.    Tu as les délais.*    Tu peux prononcer tes derniers vœux demain et être ordonné dans un mois.

BECKET.    Mais avez-vous songé à ce que dirait le Pape?

LE ROI, *brutal.*    Je paierai!

BECKET *murmure, comme abattu, après un silence angoissé.* Mon prince, je vois maintenant que vous ne plaisantez pas.    Ne faites pas cela.

LE ROI.    Pourquoi?

BECKET.    Cela me fait peur.

LE ROI, *dont le masque est devenu dur.*    C'est un ordre, Becket. *Becket ne bouge pas, pétrifié.    Un temps.    Il murmure encore:*

BECKET, *grave.*    Si je deviens Archevêque, je ne pourrai plus être votre ami.*

*L'orgue éclate soudain dans la cathédrale.    Un officier paraît.*

L'OFFICIER.    L'église est vide, mon Seigneur.    L'évêque et son clergé attendent le bon plaisir de Votre Altesse.

LE ROI, *brutalement à Becket.*    Tu entends, Becket!    Reviens à toi.    Tu as une façon d'apprendre les bonnes nouvelles.    Où es-tu?    On te dit que nous pouvons y aller.

*Le cortège se forme, le prêtre et l'enfant de chœur en tête.    Becket, prenant sa place comme à regret un peu en arrière du roi, murmure encore:*

BECKET.    C'est une folie, mon Seigneur.    Ne faites pas cela. Je ne saurai servir Dieu et vous.

LE ROI, *qui regarde devant lui, fermé.*    Tu ne m'as jamais déçu, Thomas.    Et il n'y a qu'en toi que j'ai confiance.    Je le veux. Tu partiras ce soir.    Allons, maintenant...

*Il a fait un signe au prêtre.    Le cortège se met en marche et passe dans la cathédrale vide où gronde l'orgue.*

*Un instant d'ombre, avec l'orgue. Dans un éclairage incertain,
la chambre de Becket. Des coffres ouverts où deux valets empilent
de riches vêtements.*

2ᵉ Valet, *il est plus jeune que le premier.* La veste bordée de
martre aussi?

1ᵉʳ Valet. Tout, on t'a dit!

2ᵉ Valet *grommelle.* De la martre! A des pauvres! Ils ne
pourront plus se faire un sou, quand ils auront ça sur le dos. Ils
vont crever de faim.

1ᵉʳ Valet, *rigolant.* Ils boufferont la martre, imbécile! Tu
ne comprends donc pas qu'on va tout vendre et qu'on leur
donnera l'argent?

2ᵉ Valet. Mais lui, qu'est-ce qu'il se mettra? Il ne lui reste
plus rien.

Becket *entre. Il a une robe de chambre grise, très simple.* Les
coffres sont pleins? Je veux qu'ils soient partis chez le Juif avant
ce soir. Qu'il ne reste que des murs ici. Gal, la couverture de
fourrure.

Le Valet, *navré.* Mon Seigneur aura froid la nuit.

Becket. Fais ce que je te dis.

*Le 1ᵉʳ valet, à regret, prend la couverture de fourrure et la met dans
le coffre.*

Becket *demande.* L'intendant est prévenu pour le repas de
ce soir? Quarante couverts dans la grande salle.

1ᵉʳ Valet. Mon Seigneur, il dit qu'il n'aura pas assez de
vaisselle d'or. Devra-t-on mélanger avec la vaisselle d'argent?

Becket. Qu'il fasse dresser le couvert avec les écuelles de
bois et de terre de l'office. La vaisselle est vendue. Le Juif la
fera prendre avant ce soir.

1ᵉʳ Valet *répète sidéré.* Les écuelles de bois et de terre. Bien,
mon Seigneur. L'intendant s'inquiète aussi pour la liste des
invitations. Il n'a que trois courriers et il a peur de ne pas avoir
le temps...

BECKET. Il n'y a pas d'invitation. On ouvrira la grande porte à deux battants et vous irez dire aux pauvres, dans la rue, qu'ils mangent avec moi ce soir.*

1er VALET, *épouvanté.* Bien, mon Seigneur.

*Il va sortir avec l'autre. Becket le rappelle.*

BECKET. Je veux que le service soit impeccable. Les plats présentés d'abord, avec tout le cérémonial, comme pour des princes. Va. (*Les valets sortent. Becket, resté seul, soulève négligemment un vêtement qui dépasse du coffre. Il murmure:*) Tout cela était vraiment très joli. (*Il referme soudain le coffre et éclate de rire.*) Une pointe d'orgueil. Quelque chose d'un parvenu. Un vrai saint homme n'aurait pas fait tout cela en un jour; personne ne croira que c'est vrai. (*Il dit très simplement à un crucifix enchâssé de pierreries qui est accroché au-dessus du lit:*) J'espère, Seigneur, que vous ne m'inspirez pas toutes ces saintes résolutions dans le but de me rendre ridicule? Tout est encore si nouveau. J'exécute peut-être maladroitement... (*Il regarde le crucifix et le décroche soudain:*) Vous êtes beaucoup trop riche, vous aussi. Des pierres précieuses autour de votre corps saignant. Je vous donnerai à une pauvre église. (*Il pose le crucifix sur le coffre fermé. Il regarde autour de lui, léger, heureux, il murmure:*) C'est un départ en voyage. Pardonnez-moi, Seigneur, mais je ne me suis jamais autant amusé. Je ne crois pas que vous soyez un Dieu triste. Ma joie de me dépouiller doit faire partie de vos desseins. (*Il est passé derrière le rideau de l'arrière-chambre où on l'entend, la scène restée vide, siffler joyeusement une vieille marche anglaise. Très vite, il ressort; il est pieds nus dans des sandales; il est vêtu d'une robe de moine, une simple bure. Il tire le rideau, il murmure:*) Voilà. Adieu, Becket. J'aurais voulu au moins regretter quelque chose pour vous l'offrir. (*Il va au crucifix et dit simplement:*) Seigneur, vous êtes sûr que vous ne me tentez pas? Cela me paraît trop simple.

*Il est tombé à genoux et prie.*

*Le rideau tombe.*

## Troisième Acte

*Une salle du palais du roi. En scène les deux reines, la reine mère et la jeune reine, occupées à des tapisseries. Les deux fils du roi, un grand et un petit, jouent par terre dans un coin. Le roi joue au bilboquet dans un autre coin. Il rate toujours; il finit par jeter le bilboquet et s'exclame, avec humeur :*

Le Roi. Quarante pauvres! Il a invité quarante pauvres à dîner!

La Reine Mère. C'est un extravagant. Je vous ai toujours dit, mon fils, que vous aviez mal placé votre confiance.

Le Roi, *marchant dans la salle.* Madame, je suis très dur à placer, comme vous dites, ma confiance. Je ne l'ai fait qu'une fois dans ma vie et je demeure persuadé que je ne me suis pas trompé. Seulement, nous ne comprenons pas tout! Thomas est mille fois plus intelligent que nous tous réunis.

La Reine Mère. Vous parlez de personnes royales, mon fils...

Le Roi *grommelle.* Ça n'empêche rien. L'intelligence a été distribuée tout autrement. Ces quarante pauvres, cela doit correspondre à quelque chose dans son esprit. A quoi? Nous le saurons bientôt. Je l'ai convoqué ce matin!

La Jeune Reine. Il paraît qu'il a vendu sa vaisselle d'or, ses coffres et tous ses riches habits à un Juif. Il s'est vêtu d'une simple robe de bure.

Photo :
Agence
Pic

ACTE III (*fin*) :
Becket, le Petit
Moine

*Photo :
Agence
Pic*

La Reine Mère.  Je vois là pour le moins une marque d'ostentation!   On devient, certes, un saint homme, mais pas en un jour.

Le Roi, *inquiet au fond.*  Ça doit être une farce!   Vous ne le connaissez pas.   Ce ne peut être qu'une farce.   Il a toujours été farceur.   Une fois, il s'est déguisé en femme et il s'est promené toute une nuit dans Londres en minaudant, à mon bras.

La Reine Mère, *après un silence.*  Je n'ai jamais aimé cet homme.   Et vous avez été un fou de le faire si puissant.

Le Roi *crie.*  C'est mon ami!

La Reine Mère, *aigre.*  Hélas!

La Jeune Reine.   C'est l'ami de vos débauches!   C'est lui qui vous a éloigné de vos devoirs envers moi.   C'est lui qui vous a conduit le premier chez des filles!

Le Roi, *furieux.*  Fichaises,* Madame!   Je n'ai eu besoin de personne pour m'éloigner, comme vous dites, de mes devoirs envers vous.   Je vous ai fait trois enfants, avec beaucoup de scrupule.   Ouf!   Mon devoir m'est remis.*

La Jeune Reine, *pincée.*  Quand ce débauché cessera d'avoir une néfaste influence sur vous, vous reviendrez apprécier les joies de votre famille.   Souhaitons qu'il vous désobéisse!

Le Roi.   Les joies de ma famille sont limitées, Madame. Pour être franc, je m'ennuie avec vous!   Vos éternelles médisances à toutes deux; au-dessus de vos éternelles tapisseries... Ce n'est pas une nourriture pour un homme.   (*Il erre dans la pièce furieux.   Il s'arrête derrière elles.*)   Si au moins cela avait quelque valeur artistique.   Mon aïeule Mathilde, en attendant son époux, pendant qu'il taillait son royaume, a brodé, elle, un chef-d'œuvre qui est malheureusement resté à Bayeux.*   Mais vous, c'est d'un médiocre!*

La Jeune Reine, *pincée.*  A chacun selon ses dons.

Le Roi.   Oui.   Et ils sont minces!   (*Il va encore regarder l'heure à la fenêtre et s'exclame désespéré.*)

Je m'ennuie depuis un mois, personne à qui parler!   Après la

D

nomination, je ne veux pas avoir l'air de me précipiter... Bon.
Je lui laisse faire sa tournée pastorale. Il revient enfin, je l'appelle
et il est en retard! (*Il regarde encore à la fenêtre et s'exclame:*) Ah!
quelqu'un au poste de garde! (*Il revient déçu.*) Non. C'est un
moine. (*Il erre dans la pièce désemparé, il va aux enfants, ennuyé et
les regarde jouer un instant. Il grommelle:*) Charmants bambins!
Graine d'homme. Déjà sournoise et obtuse. Dire qu'il faut
s'attendrir là-dessus, sous prétexte que ce n'est pas encore tout à
fait assez gros pour être haï ou méprisé. Lequel de vous deux est
l'aîné?

Le Plus Grand *se lève.* Moi, Monsieur.

Le Roi. Quel est votre nom, déjà?

Le Garçon. Henri III.

Le Roi, *sévère.* Pas encore, Monsieur! Le numéro deux se
porte bien. (*Il lance à la reine.*) Jolie éducation, Madame!
Vous vous croyez déja Régente? Et vous vous étonnez après
que je boude votre appartement? Je n'aime pas ʃaire l'amour
avec ma veuve. C'est mon droit?

*Un officier entre.*

L'Officier. Un messager de l'Archevêque-primat, mon
Seigneur.

Le Roi, *hors de lui.* Un messager! Un messager! J'ai
convoqué l'Archevêque-primat en personne! (*Il se retourne vers
les femmes, soudain inquiet, presque touchant.*) Il est peut-être
malade? Ça expliquerait tout!

La Jeune Reine, *aigre.* Ce serait trop beau!

Le Roi, *rageur.* Vous voudriez le voir crevé, parce qu'il
m'aime, femelles? S'il n'est pas là, c'est qu'il est à la mort. O
mon Thomas! Fais entrer, vite.

*L'officier sort et introduit un moine.*

Le Roi *va à lui, vivement.* Qui es-tu? Becket est malade?

Le Moine, *un genou à terre.* Seigneur, je suis Guillaume, fils
d'Étienne,* secrétaire de Sa Seigneurie l'Archevêque-primat.

Le Roi. Ton maître est très mal?

Le Moine. Non, Seigneur. Sa Seigneurie se porte bien. Elle m'a chargé, avec l'expression de son profond respect, de remettre cette missive — et ceci à Votre Altesse.

*Il remet quelque chose au roi, s'inclinant plus bas.*

Le Roi, *comme abasourdi.* Le sceau? Pourquoi me renvoie-t-il le sceau? (*Il lit la lettre en silence sur le parchemin déroulé. Il se ferme. Il est de glace, il dit au moine sans le regarder:*) C'est bien. Ta mission est accomplie. Va.

*Le moine se relève au moment de sortir, il demande:*

Le Moine. Ai-je une réponse de Votre Altesse à trans-mettre à Monseigneur l'Archevêque-primat?

Le Roi, *dur.* Non.

*Le moine est sorti. Le roi reste un moment désemparé, puis il va se jeter sombre sur son trône. Les femmes se regardent, complices. La reine mère se lève et va à lui insidieuse.*

La Reine Mère. Eh bien, mon fils, que vous écrit donc votre ami?

Le Roi *se dresse et hurle.* Sortez! Sortez toutes les deux! Et emmenez votre vermine royale! Je suis seul! (*Les deux reines effrayées sortent avec les enfants. Le roi reste un moment titu-bant, comme hébété sous le coup, puis il s'écroule sanglotant comme un enfant, la tête sur son trône. Il gémit.*) O mon Thomas! (*Un instant prostré il se ressaisit, se relève pâle. Il dit soudain les dents serrées, en regardant le sceau qu'il a gardé dans son poing serré.*) Tu me renvoies les trois lions du royaume, comme un petit garçon qui ne veut plus jouer avec moi... Tu crois que tu as l'honneur de Dieu à défendre maintenant! Moi, j'aurais fait une guerre avec toute l'Angleterre derrière moi et contre l'intérêt de l'Angle-terre pour te défendre, petit Saxon. Moi, j'aurais donné l'honneur du royaume en riant pour toi. Seulement, moi, je t'aimais et toi tu ne m'aimais pas; voilà toute la différence. (*Il a les dents serrées. Son masque se durcit, il dit sourdement:*) Merci tout de même pour ce dernier cadeau que tu me fais en m'aban-donnant. Je vais apprendre à être seul. (*Il sort. La lumière baisse, des valets enlèvent les meubles. Quand elle remonte, le*

*décor de piliers est vide.   Une église nue, un homme à demi dissimulé
sous un manteau sombre, qui attend derrière un pilier, c'est le roi.
Derniers accords d'orgue.   Entre Gilbert Folliot, évêque de Londres,
suivi de son clergé.   Il revient de dire sa messe.   Le roi l'aborde.)*
Évêque...

GILBERT FOLLIOT *a un recul.*   Que veux-tu, l'homme?
*(Son clergé va s'interposer, il s'exclame:)* Le roi!

LE ROI.   Oui.

GILBERT FOLLIOT.   Seul, sans escorte, en habit d'écuyer?

LE ROI.   Le roi tout de même.   Évêque, je voudrais me
confesser.

GILBERT FOLLIOT *a un mouvement de méfiance.*   Je suis l'évêque
de Londres, le roi a son confesseur.   C'est une charge importante de la Cour qui a ses prérogatives.

LE ROI.   Le choix du prêtre pour la sainte confession est
libre, Évêque, même pour les rois!   *(Gilbert Folliot fait un signe
à son clergé qui s'éloigne.)*   Ma confession sera d'ailleurs courte, et
ce n'est pas l'absolution que je viens vous demander.   J'ai fait
quelque chose de beaucoup plus grave qu'un péché, Évêque, une
bêtise.   *(Gilbert Folliot reste muet.)*   J'ai imposé Thomas Becket
à votre choix au concile de Clarendon.   Je m'en repens.

GILBERT FOLLIOT, *impénétrable.*   Nous nous sommes inclinés
devant la main royale.

LE ROI.   A contrecœur, je le sais.   Il m'a fallu treize semaines*
d'autorité et de patience pour réduire la petite opposition irré-
ductible dont vous étiez le chef, Évêque.   Le jour du concile,
vous étiez vert.   On m'a dit qu'après, vous avez été gravement
malade.

GILBERT FOLLIOT, *fermé.*   Dieu m'a guéri.

LE ROI.   Il est bien bon.   Mais il a un peu tendance à ne
s'occuper que des siens.   Moi, il m'a laissé malade.   Et je dois
me soigner tout seul, sans intervention divine.   J'ai l'Archevêque-primat sur l'estomac.   Un gros morceau, qu'il faut que je
vomisse.   Que pense de lui le clergé normand?

Gilbert Folliot, *réservé.* Sa Seigneurie semble avoir saisi d'une main ferme les rênes de l'Église d'Angleterre. Ceux qui l'approchent dans son particulier disent même qu'il se conduit comme un saint homme.

Le Roi *s'exclame, admiratif malgré lui.* C'est un peu subit, mais rien ne m'étonne de lui ! Dieu sait ce dont cet animal-là est capable, en bien comme en mal...Évêque, parlons franc: cela intéresse beaucoup l'Église, les saints hommes ?

Gilbert Folliot *a l'ombre d'un sourire.* L'Église est sage depuis si longtemps, Altesse, qu'elle ne peut pas ne pas avoir constaté que la tentation de la sainteté était pour ses prêtres l'un des pièges les plus subtils et les plus redoutables du démon. L'administration du royaume des âmes, avec les incidences temporelles qu'elle comporte, demande avant tout, comme toutes les administrations, des administrateurs. L'Église catholique romaine a ses saints, elle invoque leur bienveillante intercession, elle les prie. Mais elle n'a plus besoin d'en faire d'autres. C'est superflu. Et dangereux.

Le Roi. Vous me paraissez un homme avec qui on peut parler, Évêque. Je vous ai méconnu. L'amitié m'aveuglait.

Gilbert Folliot, *toujours fermé.* L'amitié est une belle chose.

Le Roi, *soudain humain.* C'est une bête familière, vivante et tendre. Elle ne semble avoir que deux yeux toujours posés sur vous et qui vous réchauffent. On ne voit pas ses dents. Mais c'est une bête qui a une particularité curieuse, c'est quand elle est morte qu'elle mord.

Gilbert Folliot, *prudent.* L'amitié du roi pour Thomas Becket est morte, Altesse ?

Le Roi. Soudainement, Évêque. Une sorte d'arrêt du cœur.

Gilbert Folliot. C'est un phénomène curieux, Altesse, mais fréquent.

Le Roi *lui prend soudain le bras.* Je hais Becket, Évêque, maintenant. Entre cet homme et moi, il n'y a plus rien de commun

que cette bête qui me laboure le ventre.   Je n'en puis plus.   Il fau
que je la lâche sur lui.   Mais je suis le roi, ce qu'il est conven
d'appeler ma grandeur m'embarrasse: j'ai besoin de quelqu'un.

GILBERT FOLLIOT *se raidit*.   Je ne veux servir que l'Église.

LE ROI.   Parlons comme deux grands garçons.   C'est bra
dessus, bras dessous que nous avons conquis, pillé, rançonn
l'Angleterre.   On se dispute, on essaie de se soutirer quelque
sous, mais entre le ciel et la terre il y a tout de même des intérêt
communs.   Vous savez ce que je viens d'obtenir du Pape?   S
bénédiction pour aller égorger l'Irlande catholique,* au nom d
la foi.   Oui, une sorte de croisade pour y imposer un clergé e
des barons normands, épées et étendards solennellement bénit
comme si on allait bouffer du Turc!   Seule condition: une petite
pièce d'argent par foyer et par an, pour le denier de Saint
Pierre* que le clergé national irlandais hésitait à cracher et qu
moi j'ai promis de faire verser.   C'est donné.*   Mais au bout d
l'an, cela fera une coquette somme.   Rome sait faire ses comptes

GILBERT FOLLIOT, *épouvanté*.   Il y a des choses qu'il ne fau
jamais dire, Altesse, il faut même essayer de ne pas les savoir tan
qu'on n'en est pas directement chargé.

LE ROI *sourit*.   Nous sommes seuls, Évêque, et l'église es
vide.

GILBERT FOLLIOT.   L'église n'est jamais vide.   Une petite
lampe rouge brûle devant le maître-autel.

LE ROI, *impatienté*.   Évêque, j'aime bien jouer, mais avec de
garçons de mon âge!   Vous ne me prenez pas pour une de vo
brebis, saint pasteur?   Celui qu'honore cette petite lampe rouge
lu depuis longtemps au fond de vous et de moi.   Sur votre
cupidité et sur ma haine, il est fixé. (*Gilbert Folliot se referme
Le roi lui crie, agacé:*) Ou alors il faut se faire moine, Évêque! l
cilice sur le dos nu et aller se cacher dans un couvent pour prier!..
L'évêché de Londres, pour un fils de marinier* de la Tamise qu
aurait le cœur pur, c'est trop, ou trop peu.

GILBERT FOLLIOT, *de marbre, après un temps*.   Si je fais abstrac-
tion, comme c'est mon devoir, de mes sentiments personnels, je

dois convenir que jusqu'ici, Sa Seigneurie l'Archevêque-primat n'a rien fait qui ne soit dans l'intérêt de sa mère l'Église.

Le Roi *le considère et conclut jovial.* Vous, mon petit ami, je vous vois venir : vous avez l'intention de me coûter très cher ! Mais grâce à Becket qui a réussi à vous faire payer la taxe d'absence,* je suis riche. Et il me paraît somme toute moral qu'une partie de l'or de l'Église, par votre canal, retourne à l'Église. Et puis si nous voulons rester sur le terrain de la moralité, saint évêque, vous pouvez vous dire aussi que la grandeur de l'Église et celle de l'État étant intimement liées, c'est en définitive à la consolidation de la foi catholique que vous travaillerez en me servant.

Gilbert Folliot *le contemple curieusement.* J'avais toujours pris Votre Altesse pour un gros garçon brutal, mal sorti de l'adolescence et seulement soucieux de son plaisir.

Le Roi. On se trompe quelquefois sur les hommes, Évêque. Moi, aussi, je me suis trompé. *(Il crie soudain :)* O mon Thomas !

Gilbert Folliot *s'écrie.* Vous l'aimez, Altesse ! Vous l'aimez encore. Vous aimez ce porc mitré, cet imposteur, ce bâtard saxon, ce petit voyou !

Le Roi *lui saute dessus, criant.* Oui, je l'aime ! Mais ça ne te regarde pas, curé. Je ne t'ai confié que ma haine. Je vais te payer pour m'en défaire, mais ne me dis jamais du mal de lui ! Ou ce sera une affaire d'hommes entre nous !

Gilbert Folliot, *suffoquant, gémit.* Vous m'étranglez, Altesse.

Le Roi *le lâche soudain et conclut sur un autre ton.* Nous nous reverrons demain, seigneur évêque, et nous arrêterons ensemble le détail de notre action. Vous serez convoqué officiellement au palais sous un prétexte — mes bonnes œuvres dans votre diocèse de Londres où je suis votre principal paroissien. Mais ce n'est pas des pauvres que nous parlerons. Ils ont le temps, les pauvres. Le royaume qu'ils espèrent, eux, est éternel.

*Le roi sort.*

*Gilbert Folliot est resté immobile. Son clergé le rejoint timidement. Il prend sa crosse et sort dignement, en procession, non sans qu'un de* *ses chanoines ne lui ait remis\* discrètement droite sa mitre, qui était restée de travers après la lutte.*

*Ils sont sortis.   Un changement d'éclairage et de rideaux entre les piliers.   C'est un matin au palais épiscopal.   Entre un prêtre qui conduit deux moines et le petit moine convers du couvent de Hastings.*

LE PRÊTRE.   Sa Seigneurie va vous recevoir ici.

*Les deux moines sont impressionnés, ils bousculent un peu le petit moine.*

1er MOINE.   Tiens-toi droit.   Baise l'anneau de Monseigneur et tâche de répondre humblement à ses questions ou gare à tes fesses.

2e MOINE.   Tu croyais peut-être qu'il t'avait oublié? Les grands n'oublient rien.   On va voir si tu vas faire le fier avec lui.

*Entre Becket vêtu d'une simple bure.*

BECKET.   Eh bien, mes frères, il fait beau à Hastings?

*Il leur donne son anneau à baiser.*

1er MOINE.   Le brouillard, Monseigneur.

BECKET *sourit*.   Alors, il fait beau à Hastings.   Nous songeons toujours tendrement à notre Abbaye et notre intention est d'aller bientôt la visiter, quand nos nouvelles fonctions nous laisseront un instant de répit.   Comment s'est conduit ce jeune homme? Il a donné du fil à retordre à notre Abbé?

2e MOINE.   Monseigneur, une vraie mule.   Notre Père abbé a longtemps essayé la douceur, comme vous le lui aviez recommandé, puis il fallut bien vite recourir au cachot, au pain sec et même à la discipline.\*   Rien n'y fait.   Cette tête de bois reste la même: l'insulte aux lèvres.   Il est tombé dans le péché d'orgueil. Il n'est pas de main secourable qui le tirera de là.

1er MOINE.   Seuls des coups de pied aux fesses peut-être... si Votre Seigneurie me permet l'expression.   (*Au petit.*) Tiens-toi droit.

BECKET, *au petit*.   Écoute ton frère.   Tiens-toi droit.   D'habitude le péché d'orgueil redresse.   Regarde-moi en face.   (*Le etit le regarde.)* Bien. *(Becket se retourne vers les moines après voir regardé un temps le petit.)* On va vous conduire aux cuisines *où* vous vous restaurerez avant de repartir, mes frères. On y a *l*'ordre de vous traiter bien. Ne nous faites pas d'affront, nous *v*ous relevons pour aujourd'hui de votre vœu d'abstinence et *n*ous comptons bien que vous ferez honneur à votre menu. *S*aluez en Jésus votre Père abbé de notre part.

2ᵉ MOINE, *hésitant.* Et le gamin?

BECKET. Nous le gardons.

2ᵉ MOINE. Que Monseigneur se méfie. Il est mauvais.

BECKET *sourit.* Nous n'avons pas peur. *(Les moines sont* *s*ortis. *Becket et le petit restent seuls face à face.)* Pourquoi te *t*iens-tu si mal?

LE PETIT MOINE. Je ne veux plus regarder personne en face.

BECKET. Je t'apprendrai. Ce sera notre première leçon. *R*egarde-moi *(le petit le regarde de côté).* Mieux que ça *(le petit* *l*e *regarde).* Tu es toujours chargé tout seul de toute la honte de *l*'Angleterre et c'est elle qui te courbe le dos?

LE PETIT MOINE. Oui.

BECKET. Si je t'en prenais la moitié, ça serait moins lourd? *(Il fait un signe au prêtre.)* Introduisez Leurs Seigneuries. *(Le* *p*rêtre sort. *Il confie en souriant au petit.)* C'est l'heure de mon *c*onseil avec Messeigneurs les évêques; tu vas voir que ce n'est *p*as un privilège qui t'est réservé d'être seul.

LE PETIT MOINE. Je sais à peine lire et écrire. Je suis un fils *d*e paysan, et je me suis fait tonsurer pour fuir la glèbe.* En quoi *p*uis-je vous servir?

BECKET *sourit.* J'ai besoin de toi. Cela doit te suffire. Je te *d*emande seulement de me regarder comme tu me regardes en ce *m*oment. Il y en a qui portent un cilice pour se rappeler con-*s*tamment ce que vaut leur guenille... *(Il entrouvre son froc,* *s*ouriant.*) J'en ai un d'ailleurs. Mais c'est dérisoire vos épreuves, *j*e m'y suis déjà habitué. Je crois simplement que je m'enrhu-*m*erais si je le quittais. J'ai besoin d'autre chose qui me gratte et

qui me dise à chaque instant ce que je suis. J'ai besoin de to
petit chardon, qu'on ne sait par quel bout prendre. J'ai besoi
de me piquer à toi pour trouver quelques épines sur le chemin d
bien, sinon je serais capable d'y trouver encore mon plaisir..
(*Les évêques entrent, il le prend par le bras, l'installe dans un coin.*
Reste dans ce coin et tiens mes tablettes. Je ne te demand
qu'une chose. Ne leur saute pas dessus, tu compliquerais tout

*Il fait un signe aux évêques qui restent debout.*

GILBERT FOLLIOT *commence.* Monseigneur, notre conse
risque d'être sans objet. Vous avez voulu, contre nos avi
attaquer le roi de front. Avant même que les trois excommu
nications que vous vouliez nous demander de sanctionner aien
pu être rendues publiques le roi riposte. Son grand justicie
Richard de Lacy, vient de se présenter dans votre antichambr
vous réclamant au nom du roi. Il est porteur d'une sommatio
dans les formes légales à comparaître dans le délai d'un jou
devant son grand conseil réuni en Cour de Justice.

BECKET. De quoi m'accuse le roi?

GILBERT FOLLIOT. De prévarication. Comptes examinés pa
son conseil privé, Son Altesse vous réclame une somme considé
rable due encore sur votre gestion du Trésor.*

BECKET. J'ai remis en quittant la chancellerie mes registres
son grand justicier qui m'en a donné quittance, me déclara
quitte de tout compte et de toute réclamation.* Que réclame l
roi?

L'ÉVÊQUE D'OXFORD. Quarante mille marcs d'or fin.*

BECKET *sourit.* Je crois bien qu'il n'y a jamais eu tant d'arge
dans tous les coffres de toute l'Angleterre pendant tout le tem
où j'ai été chancelier. Mais il suffit d'un scribe habile... Le roi
refermé son poing et je suis comme une mouche dans son poin
(*Il sourit, les regardant.*) J'ai l'impression, Messieurs, que vo
devez ressentir quelque chose qui ressemble à du soulagement.

L'ÉVÊQUE D'YORK. Nous vous avions déconseillé la lut
ouverte.

BECKET. Guillaume d'Aynesford poussé par le roi, sous le prétexte qu'il désapprouvait mon choix, a assommé le prêtre que j'avais nommé à la cure de Sa Seigneurie. Dois-je laisser assommer mes prêtres?

GILBERT FOLLIOT. Vous n'aviez pas à nommer le curé d'un fief libre! Il n'est pas un Normand, laïc ou clerc, qui admettra jamais cela. Ce serait remettre le droit de toute la conquête en cause. Tout peut être remis en question en Angleterre hormis le fait qu'elle a été conquise et partagée en l'an mille soixante-six. L'Angleterre est le pays du droit et du respect le plus scrupuleux du droit. Mais le droit ne commence qu'à cette date, sinon, il n'y a plus d'Angleterre.

BECKET. Évêque, dois-je vous rappeler que nous sommes des hommes de Dieu et que nous avons à défendre un honneur qui, lui, n'a pas de date?

L'ÉVÊQUE D'OXFORD, *doucement*. C'était une maladresse et même une provocation. Guillaume d'Aynesford est un compagnon du roi.

BECKET *sourit*. Je le connais très bien. Il est charmant. J'ai vidé plus d'un pot avec lui.

L'ÉVÊQUE D'YORK *glapit*. Et je suis le petit cousin de sa femme!

BECKET. C'est un détail que je déplore, Seigneur Évêque, mais il m'a assommé un curé. Si je ne défends pas mes prêtres, qui les défendra? Guillaume de Clare* a cité devant sa justice un clerc qui relevait de notre seule juridiction.

L'ÉVÊQUE D'YORK. Une intéressante victime vraiment! Et qui valait la peine de se battre! L'homme était accusé de meurtre et de viol. N'était-il pas plus habile de laisser pendre le misérable qui méritait cent fois la corde et d'avoir la paix?

BECKET. « Je ne suis pas venu pour apporter la paix mais la guerre. » Votre Seigneurie a certainement lu ça quelque part? Il m'est indifférent de savoir de quoi cet homme était accusé. Si je laisse juger mes prêtres par un tribunal séculier, si je laisse Robert de Vere enlever, comme il vient de le faire dans un de nos couvents, un de nos clercs tonsurés sous le prétexte que c'est un de ses serfs qui a fui la glèbe, je ne donne pas cher de notre liberté et de notre existence, Messeigneurs, dans cinq ans. J'ai excommunié Gilbert de Clare, Robert de Vere et Guillaume d'Aynesford. Le royaume de Dieu se défend comme les autres royaumes. Vous croyez que le droit n'a qu'à paraître et qu'il obtient tout sur sa bonne mine? Sans la force, sa vieille ennemie, il n'est plus rien.

L'Évêque d'York. Quelle force? Ne nous payons pas de mots. Le roi est la force et il est la loi!

Becket. Il est la loi écrite, mais il est une autre loi, non écrite, qui finit toujours par courber la tête des rois. (*Il les regarde un instant en silence, souriant.*) J'étais un débauché, Messieurs, peut-être un libertin, un homme de ce monde en tout cas. J'adorais vivre et je me moquais de tout cela, mais alors, il ne fallait pas me remettre le fardeau. J'en suis chargé maintenant, j'ai retroussé mes manches et on ne me fera plus lâcher.

Gilbert Folliot *s'est dressé, écumant de rage, il va à lui.* Vous savez à quoi elle sert, en vérité, cette application stricte de la juridiction ecclésiastique? A voler — je dis bien, à voler — les serfs saxons à leur seigneur. N'importe quel fils de paysan natif, grâce à cette loi, se dérobe à la glèbe en se faisant tonsurer. Deux coups de ciseau, un orémus* et voilà le seigneur frustré d'un de ses hommes, sans aucun recours pour le reprendre; il ne dépend plus de sa juridiction ni de celle du roi. Est-ce justice ou tour de passe-passe? La propriété aussi n'est-elle pas sacrée? Si on leur dérobait un bœuf, empêcheriez-vous les propriétaires de se plaindre et de tenter de le récupérer?

Becket *sourit.* Évêque, votre vigueur à défendre les grands propriétaires normands est admirable. D'autant plus que je crois bien que vous n'en êtes pas issu. Vous oubliez pourtant un point — un point qui a son importance pour un prêtre — c'est qu'un serf saxon a une âme, une âme qui peut être appelée à Dieu, pas un bœuf.

Gilbert Folliot, *hors de lui.* Ne vous faites pas plus petit garçon que vous n'êtes, Thomas Becket. Vous avez assez longtemps — malgré vos origines — vous aussi, profité de cet état de choses, pour mettre un peu plus de pudeur maintenant à l'attaquer. Qui touche à la propriété anglaise touche au Royaume. Et qui touche au Royaume, en fin de compte, touche à l'Église et à la Foi ! Il faut rendre à César...

BECKET, *le coupant.* ...Ce qui lui appartient, Évêque, mais quand il veut prendre autre chose, il faut retrousser sa soutane et lutter contre César avec les armes de César. Je sais aussi bien que vous que dans la plupart des cas les serfs qui se réfugient dans nos couvents ne songent qu'à échapper à leur esclavage. Mais je remettrais tout en cause, la sécurité de l'Église tout entière et sa vie même si, sur cent mille qui trichent, il y a un seul petit serf saxon sincère qu'on a empêché de venir à Dieu.

*Un silence suit cet éclat. Gilbert Folliot a un sourire.*

GILBERT FOLLIOT. L'allusion à la brebis égarée obtient toujours son petit succès. Il est toujours possible de faire de belles phrases, Monseigneur, sur un sujet attendrissant. La politique est une autre chose. Vous avez prouvé que vous le saviez parfaitement.

BECKET, *sec.* Je vous l'ai prouvé quand je faisais de la politique. Ce n'est plus de la politique que je fais.

L'ÉVÊQUE D'OXFORD, *doucement.* Il me paraît pourtant sage et à la mesure des choses humaines dans ce grand royaume terrestre dont l'équilibre est si difficile à maintenir — et dont nous sommes un des piliers — de ne pas opposer notre veto formel au consentement du seigneur quand un serf veut être d'Église. L'Église a le devoir de lutter pied à pied pour défendre ses appelés, certes, mais elle ne doit jamais et sous aucun prétexte, cesser d'être sage. C'est un très vieux prêtre qui vous le dit.

BECKET, *doucement.* Je n'ai pas été sage en acceptant la primatie. Je n'ai plus maintenant le droit d'être sage, du moins comme vous l'entendez. Je remercie Vos Seigneuries, le conseil est levé et ma décision est prise. Je maintiendrai ces trois excommunications. (*Il a fait un signe au prêtre.*) Introduisez le grand justicier. (*Deux gardes entrent précédant Richard de Lacy et son héraut. Becket va à lui, souriant.*) Richard de Lacy, nous avons été de bons compagnons autrefois et vous trouviez toujours le sermon un peu long quand c'était l'heure d'aller dîner. Je vous saurai gré de m'épargner le vôtre. La lecture de cette citation est de règle, mais telle que je nous connais, elle nous ennuierait tous deux. Je répondrai à la sommation du roi.

*Les tentures se ferment, des sonneries de trompettes lointaines, le roi apparaît — surgi des tentures — regardant quelque chose par la fente du rideau. Un temps. Puis Gilbert Folliot entre soudain.*

Le Roi.    Alors? Je suis mal placé. Je ne vois rien.

Gilbert Folliot.    La procédure suit son cours,* Altesse. La troisième sommation est faite. Il n'est pas là. Il sera dans un instant condamné par défaut. La forfaiture établie, notre doyen, l'Évêque de Chichester,* ira au-devant de lui et lui signifiera, suivant les termes de l'ancienne Charte de l'Église d'Angleterre, notre désaveu de corps nous déliant de l'obéissance envers lui et le citant devant Notre Seigneur le Pape. C'est alors que moi, Évêque de Londres, parlant en mon nom personnel, je m'avancerai et accuserai publiquement Becket, le nommant « ci-devant Archevêque », lui déniant pour la première fois son titre, d'avoir célébré, en mépris du roi, une messe sacrilège sous l'évocation de l'esprit malin.*

Le Roi, *inquiet.*    Ce n'est pas un peu gros?

Gilbert Folliot.    Si. Personne n'est dupe, mais cela réussit toujours. Nous ne nous faisons pas d'illusion sur le résultat de ce point de détail mais dans cette position d'infériorité où il se trouvera placé, par cette accusation formelle, suivant immédiatement notre désaveu d'obéissance, Votre Altesse paraîtra alors en sa Cour par l'intermédiaire de son justicier ou en personne, ce qui serait mieux, et demandera à ses barons et à ses prélats siégeant de la délivrer du parjure. Tout peut être fini aujourd'hui. Votre Altesse a bien la formule? Je la ferai prévenir le moment venu.

Le Roi *tire un parchemin de sa poche.*    « Oyez tous ici présents, ma requête royale. Par la foi que vous nous devez, nous vous demandons justice contre Becket, ci-devant Archevêque, qui est mon homme lige et qui, dûment sommé, refuse de répondre en ma Cour.* » Je lis très mal.

GILBERT FOLLIOT. Cela ne fait rien. Personne n'écoute jamais ce genre de proclamation. L'assemblée ira ensuite aux voix, par ordre et rendra une sentence d'emprisonnement. Elle est déjà rédigée.

LE ROI. A l'unanimité ?

GILBERT FOLLIOT. Nous sommes tous Normands. Le reste appartiendra alors à Votre Altesse. Ce n'est plus que de l'exécution.

LE ROI, *soudain il a comme une faiblesse.* O mon Thomas !

GILBERT FOLLIOT, *de marbre.* Je puis encore arrêter la machine, Altesse.

LE ROI *a comme une hésitation, puis il dit :* Non. Va.

*Gilbert Folliot sort. Le roi se remet à son poste derrière le rideau. Les deux reines se faufilent dans la salle et viennent regarder aussi par la fente du rideau près du roi. Au bout d'un moment la jeune reine demande :*

LA JEUNE REINE. Il est perdu ?

LE ROI, *sourdement.* Oui.

LA JEUNE REINE. Enfin !

> *Le roi se dégage du rideau et la dévisage, haineux.*

LE ROI *crie.* Je vous défends de vous réjouir !

LA JEUNE REINE. De voir périr votre ennemi ?

LE ROI, *écumant.* Becket est mon ennemi, mais dans la balance des êtres, bâtard, nu, comme sa mère l'a fait, il pèse mille fois votre poids, Madame, avec votre couronne, tous vos joyaux et votre auguste père,* par-dessus le marché !... Becket m'attaque et il m'a trahi. Je suis obligé de me battre contre lui et de le briser mais du moins m'a-t-il donné, à pleines mains, tout ce qu'il y a d'un peu bon en moi. Et vous ne m'avez jamais rien donné que votre médiocrité pointilleuse, le souci éternel de votre petite personne étriquée et de vos prérogatives! C'est pourquoi je vous interdis de sourire, quand il meurt.

LA JEUNE REINE, *pincée.* Je vous ai donné ma jeunesse* et vos enfants!

LE ROI *crie encore.* Je n'aime pas mes enfants. Quant à votre jeunesse, fleur desséchée dès vos douze ans, entre les pages d'un missel, au sang blanchâtre, au parfum fade, allez! quittez-la sans regret. En vieillissant, la bigoterie et la méchanceté vous donneront peut-être du caractère. Votre ventre était un désert, Madame! où j'ai dû m'égarer solitaire par devoir. Mais vous n'avez jamais été ma femme! Et Becket a été mon ami, plein de force, de générosité et de sang. (*Il est encore secoué par un sanglot et il crie:*) O mon Thomas!

LA REINE MÈRE *s'avance hautaine.* Et moi, mon fils, je ne vous ai, non plus, rien donné?

LE ROI *revient un peu à lui, il la toise et dit sourdement:* La vie. Si. Merci, Madame. Mais après je ne vous ai jamais vue qu'entre deux portes, parée pour un bal, ou en couronne* et en manteau d'hermine, dix minutes avant les cérémonies, où vous étiez bien obligée de m'avoir à vos côtés. J'ai été seul toujours, personne ne m'a jamais aimé sur cette terre que Becket!

LA REINE MÈRE *crie, aigre.* Eh bien, rappelez-le! Absolvez-le puisqu'il vous aime, et donnez-lui tout le pouvoir! Que faites-vous en ce moment?

LE ROI. Je réapprends à être seul, Madame, j'ai l'habitude. (*Entre un page haletant.*) Eh bien, où en est-on?

LE PAGE. Mon Seigneur, Thomas Becket est apparu au moment où on ne l'attendait plus, malade, tout pâle, en grand habit pontifical et portant lui-même la lourde croix d'argent. Il a traversé toute la salle sans que personne n'ose l'arrêter,* et comme Robert, comte de Leicester, chargé de lui lire sa sentence commençait la formule consacrée, il l'a arrêté d'un geste, lui interdisant au nom de Dieu, de donner jugement contre lui, son Père spirituel — et en appelant au Souverain Pontife et le citant par devers lui!* Et puis il a retraversé la foule qui s'écartait muette. Il vient de repartir.

LE ROI *ne peut s'empêcher d'avoir un sourire et de crier joyeux:* Bien joué, Thomas, tu marques le point! (*Il se reprend soudain confus et demande:*) Et mes barons?

LE PAGE. La main sur la garde de l'épée, ils criaient tous: « Traître! Parjure! Arrêtez-le! Misérable! Écoute ton jugement!* » Mais aucun n'a osé bouger, et toucher aux saints ornements.

LE ROI *rugit.* Les imbéciles! Je suis entouré d'imbéciles, et le seul homme intelligent de mon royaume est contre moi!

LE PAGE *achève.* Du seuil pourtant, il s'est retourné, les regardant froidement, tous agités, criants et impuissants et leur a dit qu'il n'y avait pas très longtemps encore, il aurait su répondre par les armes à leur défi, qu'il ne le pouvait plus, mais qu'il les priait de se rappeler ce temps-là.*

LE ROI, *jubilant.* Tous! Il les avait tous! A la masse, à la lance, à l'épée!... Dans la lice, ils tombaient comme des valets de cartes!

LE PAGE, *achevant.* Et son regard était si froid et si ironique, quoiqu'il ne tînt que son bâton de pasteur, que, un à un, ils se sont tus. Alors, seulement, il s'est retourné et il est sorti. On dit qu'à son hôtel il a donné des ordres pour inviter tous les pauvres de la ville à souper ce soir.*

LE ROI, *rassombri, demande encore:* Et l'évêque de Londres qui devait le réduire en poudre? Et mon agissant ami Gilbert Folliot?

LE PAGE. Il a eu une horrible crise de rage essayant en vain d'ameuter tout le monde, il a crié d'horribles injures et puis, finalement, il s'est évanoui. On le soigne.

*Le roi est soudainement pris d'un rire joyeux, inextinguible et, sous le regard des reines outrées, il s'écroule dans les bras de son page sans pouvoir reprendre son souffle et riant, riant...*

LE ROI. Ah, c'est trop drôle! C'est trop drôle!

La Reine Mère, *froide, avant de sortir.* Vous rirez moins demain, mon fils.    Si vous ne l'en empêchez pas, Becket gagnera cette nuit la côte, demandera asile au roi de France et il vous narguera de là-bas, impuni.

*Le roi resté seul, s'arrête de rire.    Il sort soudain en courant.*

*La lumière change.    Un rideau s'ouvre.    Nous sommes chez Louis, le roi de France.    Il est assis au milieu de la salle, bien droit sur son trône.    C'est un gros homme au regard fin.*

Le Roi Louis, *à ses barons.*    Messieurs, nous sommes en France et merde pour le roi d'Angleterre!* comme dit la chanson.

Premier Baron.    Votre Majesté ne peut pas ne pas recevoir ses ambassadeurs extraordinaires.

Le Roi Louis.    Ordinaires ou extraordinaires, je reçois tous les ambassadeurs.    Je les recevrai.    C'est mon métier.

Premier Baron.    Voilà déjà plus d'une heure qu'ils attendent dans l'antichambre de Votre Majesté.

Le Roi Louis *a un geste.*    Qu'ils attendent, c'est le leur!    Un ambassadeur, c'est fait pour faire antichambre.    Je sais ce qu'ils vont me demander.

Second Baron.    L'extradition d'un sujet félon est une courtoisie qui se doit entre têtes couronnées.

Le Roi Louis.    Mon bon, les têtes couronnées jouent la comédie de la courtoisie; mais les pays, eux, ne s'en doivent point.    Mon droit à faire le courtois s'arrête à l'intérêt de la France.    Et l'intérêt de la France est de faire toutes les difficultés possibles à l'Angleterre — qui, elle, ne s'en prive pas.    Quand nous avons une bonne petite révolte dans le Midi, les mutins que nous pendons ont toujours quelque pièce d'or à l'effigie de mon gracieux cousin dans leur poche.    L'Archevêque est un boulet au pied de Henri de Plantagenêt.    Vive l'Archevêque!    D'ailleurs, il m'est sympathique cet homme-là!

Second Baron.    Mon gracieux souverain est le maître.    Et tant que notre politique nous permettra de ne rien attendre du roi Henri...

LE ROI LOUIS. Pour l'instant, le durcissement est excellent. Rappelez-vous l'affaire de Montmirail.* Nous n'avons signé la paix avec Henri que moyennant une clause de grâce, pleine et entière, pour les réfugiés bretons et poitevins qu'il nous demandait de lui rendre. Deux mois après ils avaient tous la tête tranchée. Ceci concernait mon honneur. Je n'étais pas assez fort, alors... J'ai dû feindre de ne pas avoir appris l'exécution de ces hommes... Et j'ai continué à prodiguer mes sourires à mon cousin d'Angleterre. Mais, Dieu merci, nos affaires vont mieux. Et, aujourd'hui, c'est lui qui a besoin de nous. Je vais donc me ressouvenir de mon honneur! Les rois sont de pauvres bougres* qui n'ont le loisir d'être honnête homme qu'une fois sur deux. Faites entrer les ambassadeurs.

*Le premier baron sort et revient avec Gilbert Folliot et le comte d'Arundel.*

PREMIER BARON. Permettez-moi d'introduire, auprès de Votre Majesté, les deux envoyés extraordinaires de Son Altesse Henri d'Angleterre: Sa Seigneurie l'Évêque de Londres et le comte d'Arundel.

LE ROI LOUIS *a un geste amical au comte.* Milord, je vous salue! Je regrette que, depuis si longtemps, les difficultés — heureusement aplanies aujourd'hui — entre nos deux royaumes, nous aient privé du plaisir de ces pacifiques rencontres entre nos gentilshommes où votre valeur a tant de fois triomphé. Je n'ai pas oublié votre étonnant exploit au dernier tournoi de Calais. Vous avez conservé ce rude coup de lance?

LE COMTE D'ARUNDEL *s'incline, flatté.* Je l'espère, Sire.

LE ROI LOUIS. Nous espérons, nous, que nos bonnes relations avec votre gracieux maître nous permettront de l'apprécier sous peu à l'occasion de fêtes prochaines... (*Gilbert Folliot a déroulé un parchemin.*) Seigneur Évêque, je vois que vous avez une lettre de votre maître pour nous. Nous vous écoutons.

GILBERT FOLLIOT *s'incline encore et commence à lire.* « A mon Seigneur et ami, Louis, roi des Français; Henri, roi d'Angleterre, duc de Normandie, duc d'Aquitaine et comte d'Anjou. Sachez

que Thomas, ci-devant archevêque de Cantorbéry, après un
jugement public, rendu en ma Cour, par l'assemblée plénière des
barons de mon royaume, a été convaincu de fraude, de parjure et
de trahison envers moi.   Qu'ensuite, il a fui mon royaume
comme un traître et à mauvaise intention.   Je vous prie donc
instamment de ne point permettre que cet homme chargé de
crimes, ou qui que ce soit de ses adhérents, séjourne sur vos
terres, ni qu'aucun des vôtres prête à mon plus grand ennemi
secours, appui ou conseil.   Car, je proteste que vos ennemis ou
ceux de votre royaume n'en recevraient aucun de ma part ni de
celle de mes gens.   J'attends de vous que vous m'assistiez dans la
vengeance de mon honneur et dans la punition de mon ennemi;
comme vous aimeriez que je le fisse moi-même pour vous, s'il en
était besoin.* »

*La lecture achevée, il y a un silence.   Gilbert Folliot s'inclinant très
bas remet le parchemin au roi qui le roule négligemment et le tend à un
de ses barons.*

LE ROI LOUIS.   Messieurs, nous avons écouté attentivement la
requête de notre gracieux cousin et nous en prenons bonne note.
Notre chancellerie rédigera une réponse que nous vous ferons
remettre demain.   Nous ne pouvons, pour l'instant, que vous
transmettre nos sentiments de surprise.   Aucune nouvelle ne
nous est parvenue de la présence de l'Archevêque de Cantorbéry sur nos terres.

GILBERT FOLLIOT, *net.*   Sire, le ci-devant archevêque est
réfugié à l'abbaye de Saint-Martin* près de Saint-Omer.

LE ROI LOUIS, *toujours gracieux.*   Évêque, nous nous flattons
qu'il y ait quelque ordre dans notre royaume.   S'il y était, nous
en aurions été certainement informés.   (*Il fait un geste de congé.
Les ambassadeurs s'inclinent et sortent à reculons avec les trois révéren-
ces, conduits par le premier baron.   Aussitôt, Louis dit au second
baron:*) Introduisez Thomas Becket, et laissez-nous.

*Le second baron sort par une porte et introduit aussitôt Thomas, en
robe de moine.   Thomas met un genou en terre devant le roi, le
baron est sorti.*

Le Roi Louis, *gentiment.*    Relevez-vous, Thomas Becket. Et saluez-nous comme l'Archevêque-primat d'Angleterre.    La révérence suffit et — si je ne m'embrouille pas dans l'étiquette — vous avez droit à une légère inclination de tête de ma part. Voilà qui est fait.    Je vous devrais même le baiser de l'anneau si votre visite était officielle.    Mais j'ai bien l'impression qu'elle ne l'est pas ?

Becket *a un sourire.*    Non, Sire.    Je ne suis qu'un exilé.

Le Roi, *gracieux.*    C'est aussi un titre important, en France.

Becket.    J'ai peur que ce soit le seul qui me reste.    Mes biens sont séquestrés et distribués à ceux qui ont servi le roi contre moi ; des lettres ont été envoyées au comte de Flandre et à tous ses barons leur enjoignant de se saisir de ma personne.    Jean, évêque de Poitiers, qui était suspecté de vouloir me donner asile, vient de recevoir du poison.*

Le Roi Louis, *toujours souriant.*    En somme, vous êtes un homme très dangereux ?

Becket, *souriant.*    Je le crains.

Le Roi Louis, *tranquillement.*    Nous aimons le danger, Becket. Et si le roi de France se mettait à avoir peur du roi d'Angleterre, il y aurait quelque chose qui n'irait plus en Europe.    Nous vous accordons notre protection royale sur celle de nos terres qu'il vous plaira de choisir.

Becket.    Je remercie humblement Votre Majesté.    Je dois, cependant, lui dire que je ne peux acheter cette protection d'aucun acte hostile à mon pays.

Le Roi Louis.    Vous nous faites injure.    Nous l'entendions bien ainsi.    Croyez que nous exerçons depuis assez longtemps notre métier, pour ne pas faire d'erreurs aussi grossières sur le choix de nos traîtres et de nos espions.    Le roi de France ne vous demandera rien.    Mais... il y a toujours un « mais », vous ne l'ignorez pas, en politique.    (*Becket relève la tête.    Le roi se lève péniblement de son trône sur ses grosses jambes et va à lui, familier.*) Je ne suis comptable que des intérêts de la France, Becket.    Je n'ai vraiment pas les moyens de me charger de ceux du Ciel.

Dans un mois, dans un an, je puis vous rappeler ici et, tout aussi benoîtement,* vous dire que, mes affaires avec le roi d'Angleterre ayant évolué autrement, je dois vous bannir. (*Il lui tape amicalement sur l'épaule, affable, l'œil pétillant d'intelligence, et demande souriant et incisif:*) Archevêque, je crois que vous avez fait la cuisine,* vous aussi?

BECKET, *souriant aussi.* Oui, Sire. Il n'y a pas bien long-temps.

LE ROI LOUIS, *bonhomme.* Vous m'êtes très sympathique. Remarquez que si vous aviez été un évêque français, Becket, je ne dis pas que je ne vous aurais pas fourré moi aussi en prison. Mais dans la conjoncture présente, vous avez droit à ma protection royale. Vous aimez la franchise, Becket?

BECKET. Oui, Sire.

LE ROI LOUIS. Alors, nous nous entendrons certainement. Vous comptez aller voir le Saint-Père?

BECKET. Oui, Sire, si j'ai vos laissez-passer.

LE ROI LOUIS. Vous les aurez. Mais, un conseil d'ami. — C'est entre nous, n'est-ce pas? N'allez pas me faire d'histoires avec Rome. — Méfiez-vous de lui. Pour trente deniers, il vous vendra. C'est un homme qui a besoin d'argent.

*La lumière a baissé. Un rideau s'est fermé.*
*Deux petits praticables\* portant l'un le Pape et l'autre le cardinal sont poussés devant lui sur une petite musique.*
*Le Pape est un petit homme remuant et maigre qui a un abominable accent italien. Il a près de lui un cardinal noiraud, dont l'accent est encore pire que le sien. Le tout fait un peu crasseux, dans des dorures.*

LE PAPE. Je ne suis pas d'accord, Zambelli! Je ne suis pas du tout d'accord. La *combinazione\** est mauvaise. Nous y perdrons l'honneur pour trois mille marcs d'argent!

LE CARDINAL. Très Saint-Père, il n'est nullement question de perdre l'honneur, mais de prendre la somme qu'offre le roi d'Angleterre et de gagner du temps. Perdre la somme et donner une réponse négative tout de suite n'arrangerait ni les affaires de la Curie,* ni celles de Thomas Becket, ni même, je le crains, celles des intérêts supérieurs de l'Église. Recevoir la somme — elle est minime, j'en conviens, et ne peut être envisagée pour forcer la décision — c'est tout simplement faire un geste d'apaisement dans l'intérêt de la paix en Europe. Ce qui a toujours été le devoir supérieur du Saint-Siège.

Le Pape, *soucieux*. Si nous recevons l'argent du roi, je ne peux pas recevoir l'Archevêque qui attend une audience depuis un mois à Rome.*

Le Cardinal. Recevez l'argent du roi, Très Saint-Père, et l'Archevêque. L'un compensant l'autre. L'argent enlèvera tout côté subversif à l'audience accordée à l'Archevêque et d'un autre côté, l'Archevêque reçu, effacera ce qu'il pouvait y avoir d'humiliant à avoir accepté l'argent.

Le Pape *s'assombrit*. Je n'ai pas envie de le recevoir. Il paraît que c'est un homme sincère. Je suis toujours démonté par ces gens-là. Ils me laissent un goût amer dans la bouche.

Le Cardinal. La sincérité est un calcul comme un autre, Très Saint-Père. Il suffit d'être bien pénétré de ce principe et la sincérité ne gêne plus. Dans certaines négociations très difficiles quand on piétine et que la manœuvre ne rend plus, il m'arrive même de m'en servir à l'occasion. Mon adversaire donne généralement dans le panneau; il m'imagine un plan extrêmement subtil, fait fausse route et se trouve pris. L'écueil, évidemment, c'est si votre adversaire se met à être sincère en même temps que vous. Le jeu se trouve alors terriblement embrouillé.

Le Pape. Vous savez ce qu'on lui prête l'intention de me demander depuis un mois qu'il piétine dans mon antichambre?

Le Cardinal, *lumineux*. Non, Très Saint-Père.

Le Pape *a un mouvement d'impatience*. Zambelli! pas de manœuvres avec moi! C'est vous qui me l'avez rapporté!

Le Cardinal, *pris en faute*. Pardon, Très Saint-Père, je l'avais oublié. Ou plutôt comme Votre Sainteté me posait la question, je pensais qu'elle l'avait oublié elle-même et à tout hasard...

LE PAPE, *agacé.* Si nous finassons entre nous sans aucune utilité, nous n'en sortirons jamais, Zambelli!

LE CARDINAL, *confus.* Un simple réflexe, Très Saint-Père. Excusez-moi.

LE PAPE. Me demander de le relever de ses fonctions et de sa dignité d'Archevêque-primat,* voilà pourquoi Becket est à Rome! Et vous savez pourquoi il veut me demander cela?

LE CARDINAL, *franc pour une fois.* Oui, Très Saint-Père.

LE PAPE, *agacé.* Non, Monsieur, vous ne le savez pas! C'est Rappalo, votre ennemi qui me l'a appris!

LE CARDINAL, *modeste.* Oui, mais je le savais tout de même, car j'ai un espion chez Rappalo.

LE PAPE *cligne un œil.* Culograti?

LE CARDINAL. Non. Culograti n'est mon espion qu'aux yeux de son maître. Par mon espion de Culograti.

LE PAPE *a un geste pour couper court.* Becket prétend que l'élection de Clarendon n'a pas été libre, qu'il ne doit sa nomination qu'au seul caprice royal, et que par conséquent l'honneur de Dieu, dont il se veut maintenant le champion, ne lui permet plus de porter ce titre usurpé. Il ne veut plus être qu'un simple prêtre!

LE CARDINAL, *après un temps de réflexion.* Cet homme est évidemment un abîme d'ambition.

LE PAPE. Il sait pourtant que nous savons que son titre et ses fonctions sont sa seule sauvegarde contre la colère du roi. Je ne donne pas cher de sa peau, où qu'il soit, quand il ne sera plus archevêque!

LE CARDINAL, *pensif.* Son jeu est subtil. Mais nous avons pour nous une grande force, Très Saint-Père, c'est de ne pas savoir exactement ce que nous voulons. De l'incertitude profonde des desseins naît une étonnante liberté de manœuvres. (*Un temps de réflexion, puis il s'exclame soudain:*) J'ai l'idée d'une *combinazione*, Très Saint-Père. Votre Sainteté feint de croire à ses scrupules. Elle le reçoit et le relève de son titre et de ses fonctions d'Archevêque-primat puis, immédiatement, pour récompenser son zèle à défendre l'Église d'Angleterre, elle le renomme archevêque, en bonne et due forme, cette fois. Nous parons ainsi la menace, nous marquons un point contre lui — et en même temps un point contre le roi.

LE PAPE. Le jeu est dangereux. Le roi a le bras long!

LE CARDINAL. Pas plus long pour le moment que celui du roi de France, dont l'intérêt présent est de protéger Becket. Notre politique doit être de mesurer constamment ces deux bras. D'ailleurs, nous pouvons nous couvrir. Nous expédierons des lettres secrètes à la cour d'Angleterre disant que cette nouvelle nomination est de pure forme et que nous relevons les excommunications prononcées par Becket et, d'un autre côté, nous avertirons Becket de l'existence de ces lettres secrètes, lui demandant le secret, et le priant de les considérer comme nulles et non avenues.

LE PAPE, *qui s'embrouille.* Ce n'est peut-être pas la peine alors qu'elles soient secrètes?

LE CARDINAL. Si. Parce que cela nous permettra de manœuvrer avec chacun d'eux comme si l'autre en ignorait le contenu, tout en ayant pris la précaution de le leur faire connaître. L'essentiel est qu'ils ne sachent pas que nous savons qu'ils savent. C'est à la portée d'un enfant de douze ans.

LE PAPE. Mais Archevêque ou non, qu'est-ce que nous ferons de Becket?

LE CARDINAL *a un geste allègre.* Nous l'expédierons dans un couvent! Un couvent français, puisque le roi Louis le protège, aux Cisterciens de Pontigny, par exemple. La règle y est dure. Cela lui fera du bien à cet ancien dandy! Qu'il aille un peu apprendre dans la pauvreté à être le consolateur des pauvres.*

LE PAPE *sourit.* Le conseil me paraît bon, Zambelli. Le pain sec, l'eau et les prières nocturnes sont un remède excellent contre la sincérité. (*Il rêve un peu et ajoute:*) La seule chose que je me demande, Zambelli, c'est l'intérêt que vous pouvez avoir à me donner un bon conseil...

*Le cardinal prend l'air un peu embarrassé. Les petits praticables s'en vont comme ils étaient venus, et le rideau s'ouvre découvrant le décor d'une petite cellule nue, dressée au milieu de la scène. Becket prie devant un pauvre crucifix de bois. Dans un coin, accroupi, le petit moine qui joue avec un couteau.*

Becket. Ce serait pourtant simple. Trop simple peut-être. La sainteté aussi est une tentation.\*  Ah, qu'il est difficile, Seigneur, d'obtenir Vos réponses !

J'ai été long à Vous prier, mais je ne puis croire que ceux plus dignes,\* qui depuis longtemps Vous interrogent, ont appris à mieux déchiffrer Votre réel dessein. Je ne suis qu'un élève débutant, et je dois accumuler les contre-sens comme dans mes premières versions latines quand, à force d'imagination, je faisais exploser de rire le vieux prêtre. Mais je ne puis croire qu'on apprend Votre langue comme une langue humaine, en s'appliquant, et qu'il y a un lexique, une grammaire et des tournures de phrases. Je suis sûr qu'au pécheur endurci, qui pour la première fois tombe à genoux et balbutie Votre nom, étonné, Vous dites tout, tout de suite et qu'il comprend.

J'ai été à Vous comme un dilettante, surpris d'y trouver encore mon plaisir. Et j'ai longtemps été méfiant à cause de lui, je ne pouvais croire qu'il me faisait avancer d'un pas vers Vous. Je ne pouvais croire que la route était heureuse. Leurs cilices, leurs jeûnes, les réveils nocturnes où l'on vient Vous retrouver, sur le carreau glacé, dans l'écœurement de la pauvre bête humaine maltraitée, je ne puis pas croire que ce soit autre chose que des précautions de faible. Dans la puissance et dans le luxe, dans la volupté même, il me semble maintenant que je ne cesserai de Vous parler. Vous êtes aussi le Dieu du riche et de l'homme heureux, Seigneur, et c'est là votre profonde justice. Vous n'avez pas détourné votre regard de celui qui a tout eu en naissant. Vous ne l'avez pas abandonné seul, dans son piège de facilité. Et c'est peut-être lui votre brebis perdue... Les pauvres et les mal formés ont reçu trop d'avantages au départ. Ils débordent de Vous. Ils Vous ont bien à eux comme une grande assurance dont leur misère est la prime. Mais j'imagine quelquefois que leurs têtes altières seront courbées encore plus bas que celles des riches, le jour de Votre jugement.   Car Votre Ordre, que nous appelons à tort Justice, est secret et profond et Vous sondez aussi soigneusement leurs maigres reins que ceux des rois.   Et sous ces différences, qui nous aveuglent, mais qui ne Vous sont même pas perceptibles; sous la couronne ou sous la croûte, Vous découvrez le même orgueil, la même vanité, la même petite préoccupation satisfaite de soi.

Seigneur, je suis sûr, maintenant, que Vous avez voulu me tenter avec ce cilice, objet de tant de satisfactions sottes, cette cellule nue, cette solitude, ce froid de l'hiver absurdement supporté et les commodités de la prière.   Cela serait trop facile de Vous acheter ainsi au moindre prix.

Je quitterai ce couvent où tant de précautions Vous entourent. Je reprendrai la mitre et la chape dorée, la grande croix d'argent fin et je retournerai lutter à la place et avec les armes qu'il Vous a plu de me donner.

Il Vous a plu de me faire archevêque-primat et de me mettre comme un pion solitaire, et presque aussi grand que lui, en face du roi, sur le jeu.   Je retournerai à cette première place, humble- ment, laissant le monde m'accuser d'orgueil, pour y faire ce que je crois mon ouvrage.   Pour le reste, que Votre volonté soit faite!

*Il se signe.   Le petit moine joue toujours avec son couteau dans son coin, soudain il le lance et le regarde vibrer, planté dans le parquet. Becket se détourne.*

*Le rideau tombe...*

## Quatrième Acte

*Même décor.   La cellule nue de Becket.   Il est debout.   Devant lui, le supérieur et deux moines.*

Le Supérieur.   Voilà, mon fils, la teneur des lettres du roi.

Becket, *impénétrable*.   Je comprends votre émotion, Seigneur abbé.

Le Supérieur.   Le choix de votre refuge, parmi nous, nous a remplis d'honneur et de gloire et à Dieu ne plaise, vous le pensez bien, que sur de pareilles injonctions, le chapitre vous congédie...   Mais...

Becket, *implacable*.   Mais?

Le Supérieur.   C'est un simple avertissement que nous venons vous donner, afin que vous-même, dans votre prudence, jugiez de ce qu'il y a à faire.

*Il y a un silence.   Becket le sonde toujours du regard.   Il demande, négligent:*

Becket.   La prudence est une vertu, mais il ne faut pas non plus être trop prudent, mon père.   Votre couvent est bien sur les terres de Sa Majesté Louis de France qui m'a accordé sa protection royale?

Le Supérieur, *modeste*.   L'ordre des Cisterciens, mon fils, a sa maison mère ici, à Pontigny.   Mais il est international...   Il a de grandes possessions, vous ne pouvez l'ignorer, en Angleterre, en Normandie, dans le comté d'Anjou et le duché d'Aquitaine.

BECKET *sourit.* Ah! qu'il est difficile, Seigneur abbé, de défendre l'honneur de Dieu avec de grandes possessions! (*Il va à un petit baluchon préparé dans un coin.*) Vous voyez, voici les miennes: une chemise de rechange et un linge pour me laver. Mon baluchon était préparé. Je comptais partir de moi-même aujourd'hui.*

LE SUPÉRIEUR, *rasséréné.* C'est un grand soulagement pour notre honneur, que cette décision pénible ait été prise par vous, mon fils, avant même notre visite.

BECKET, *d'assez haut.* Ne m'appelez plus votre fils, Père abbé. Sa Sainteté a bien voulu me redonner, j'avais omis de vous le dire, mes dignités d'Archevêque-primat de l'Église d'Angleterre, que j'avais résignées volontairement entre ses mains. Ainsi, avant cet incertain voyage, c'est moi qui vous donnerai ma bénédiction apostolique. (*Il lui tend l'anneau pastoral qu'il vient de repasser à son doigt. Le Père abbé, avec une grimace, met un genou en terre et le baise. Puis il sort avec son clergé. Becket n'a pas bougé. Il ramasse son baluchon et dit au petit moine:*) Viens, petit! N'oublie pas ton couteau, nous en aurons peut-être besoin sur la route.*

*Ils sortent d'un autre côté. Le paravent de la cellule monte aux cintres, découvrant le trône du roi de France au milieu de la salle. Le roi Louis entre, tenant familièrement Becket par le bras.*

LE ROI LOUIS. Je vous l'ai dit, Becket, la cuisine est une vilaine chose. On traîne avec soi des relents. Il y a un retour de bonne intelligence entre le royaume d'Angleterre et nous. La paix de ce côté-là m'assure de grands avantages dans la lutte que je vais devoir entreprendre contre l'Empereur. Je dois avoir mes arrières assurés, par une trêve avec Henri de Plantagenêt, avant de marcher vers l'est. Et, bien entendu, vous avez été mis, en bonne et due place, sur la note de frais du roi. Je dois même vous avouer que tout ce qu'il me demande, en dehors de vous, est sans importance. (*Il rêve un peu.*) Curieux homme! La politique de l'Angleterre eût été de fermer l'autre mâchoire de la

tenaille, en profitant de l'agressivité de l'Empereur. Il sacrifie
délibérément cette opportunité au plaisir de vous voir chassé.
Il vous hait donc bien?

BECKET, *simplement.* Sire, nous nous aimions et je crois qu'il
ne me pardonne pas de lui avoir préféré Dieu.

LE ROI LOUIS. Votre roi ne fait pas bien son métier, Archevêque. Il cède à une passion. Enfin! Il a choisi de marquer
un point contre vous, au lieu de le marquer contre moi. Vous
êtes sur sa note, je dois payer le prix et vous bannir. Je ne le
fais pas sans une certaine honte. Où comptez-vous aller?

BECKET. Je suis un pasteur qui est resté bien longtemps
éloigné de son troupeau. Je compte rentrer en Angleterre.
Cette décision était déjà prise avant l'audience de Votre Majesté.

LE ROI LOUIS, *surpris.* Vous avez le goût du martyre? Vous
me décevez. Vous m'aviez paru un homme plus sain.

BECKET. Serait-il sain d'aller mendier, sur les routes d'Europe,
une place disputée à la peur, où ma carcasse serait en sécurité?
D'ailleurs où ma carcasse serait-elle en sécurité?... Je suis
Archevêque-primat d'Angleterre. C'est une étiquette un peu
voyante dans mon dos. L'honneur de Dieu et la raison qui,
pour une fois, coïncident, veulent qu'au lieu de risquer le coup de
couteau d'un homme de main obscur, sur une route, j'aille me
faire tuer — si je dois me faire tuer — coiffé de ma mitre, vêtu
de ma chape dorée et ma croix d'argent en main, au milieu de mes
brebis, dans mon Église Primatiale. Ce lieu seul est décent pour
moi.

LE ROI LOUIS, *après un temps.* Vous avez sans doute raison.
(*Il soupire.*) Ah! comme il est dommage quelquefois d'être
roi, quand on a la surprise de rencontrer un homme... Vous me
direz, heureusement, que les hommes sont rares. Pourquoi
n'êtes-vous pas né de ce côté de la Manche, Becket? (*Il sourit.*)
Il est vrai que c'est sans doute à moi que vous auriez fait des
ennuis! L'honneur de Dieu est une chose bien encombrante...
(*Il rêve encore un peu, puis dit soudain:*) Après tout, tant pis!
Vous me plaisez trop. Je m'offre un moment d'humain. Je

ais essay erquelque chose, quitte à ce que votre maître en profite
pour grossir sa note; car, en somme, vous chasser, ça ne me coû-
ait rien qu'un peu d'honneur... Je rencontre Henri dans quelques jours, à La Ferté-Bernard, pour sceller nos accords. Je vais
essayer de le convaincre de faire sa paix avec vous. Acceptez-
vous, éventuellement, de lui parler?

BECKET. Sire, depuis que nous avons cessé de nous voir, je
n'ai pas cessé de lui parler.

*Le noir. Des sonneries de trompettes prolongées. Le décor est
complètement enlevé; il ne reste que le cyclorama\* entourant le plateau
nu. C'est une vaste plaine aride, battue par les vents. Trompettes
encore. Des seigneurs et des hommes d'armes, tous à cheval, sont
massés d'un côté de la scène, masses aux couleurs éclatantes, hérissées
de lances et d'oriflammes, ils sont tous tournés vers le fond du décor,
comme s'ils regardaient quelque chose.*

LE ROI LOUIS, *à ses barons.* Cela n'a pas été sans mal!
Becket acceptait tout, en souriant. Il marquait même beaucoup
de complaisance pour les exigences du roi comme pour celles
d'un enfant boudeur. Le roi ne voulait rien entendre. Il
miaulait comme un tigre, la main sur son poignard.

PREMIER BARON. Il le hait bien!

LE ROI LOUIS, *doucement.* Messieurs, ou nous ne sommes pas
psychologues, ou, des deux, c'est lui qui aime d'amour. Becket
a une tendresse protectrice pour le roi. Mais il n'aime au monde
que l'idée qu'il s'est forgée de son honneur.

SECOND BARON. Les voilà qui s'avancent l'un vers l'autre...

LE ROI LOUIS. Seuls, au milieu de la plaine nue, comme deux
rois.

PREMIER BARON, *soudain furieux.* Sire, je comprends le roi
d'Angleterre! Il y a quelque impudeur pour un sujet à exiger
de pareils égards!

LE ROI LOUIS, *doucement.* Il n'y a pas de fumée sans feu,
Baron. S'il a osé les exiger et si deux Majestés ont trouvé
naturel de les lui rendre, c'est qu'elles ont senti que cet homme,

avec son obstination calme, représentait un autre Roi.    Qu'ils se
donnent le baiser de paix, suivant la coutume inviolable et
sacrée!    Ce ne sera probablement pas, pour nous, de la meilleure
politique, mais nous ne pouvons nous empêcher, humainement,
de le souhaiter.*

*Un garde au premier plan, à un autre plus jeune:*

LE GARDE.    Ouvre tes mirettes, petite tête!    Et fourre-t'en
jusque-là!*    Tu es nouveau dans le métier, mais c'est pas tous
les jours que tu reverras ce que tu vois.    C'est une entrevue
historique!

LE PLUS JEUNE.    N'empêche qu'il fait rudement froid!    Ils
vont nous faire poireauter longtemps?

LE GARDE.    Nous, on est* protégés par la corne du bois,*
mais eux, en plein milieu de la plaine, dis-toi qu'ils ont encore
plus froid que nous.

LE PLUS JEUNE.    Il monte bien, l'archevêque, pour un curé!
Mais, d'ici à ce que sa jument le foute par terre,* il n'y a qu'un pas.
Elle est mauvaise, la carne!*    Regarde ça!

LE GARDE.    Laisse-le faire.    Avant d'être curé, c'est un gars
qui gagnait tous les tournois.

LE PLUS JEUNE, *après un temps.*    Ça y est.    Ils se sont rejoints.
Qu'est-ce que tu crois qu'ils se disent?

LE GARDE.    Tu te figures peut-être qu'ils se demandent des
nouvelles de leur famille, couillon?*    Ou qu'ils se plaignent de
leurs engelures?    Le sort du monde, qu'ils débattent en ce
moment!    Des choses que toi et moi on n'y comprendra
jamais rien.    Même les mots dont ils se servent, ces gros bonnets-
là, tu les comprendrais pas!*

*Le noir.    Puis la lumière.    Tout le monde a disparu.    Il n'y a
plus, au milieu de la plaine, que Becket et le roi à cheval, l'un en face de
l'autre.    On entendra, pendant toute la scène le vent d'hiver, comme
une mélopée aiguë sous leurs paroles.    Pendant leurs silences, on
n'entendra plus que lui.*

LE ROI.    Tu as vieilli, Thomas.

BECKET.    Vous aussi, Altesse.    Vous n'avez pas trop froid ?

LE ROI.    Si.  Je pèle de froid.    Tu dois être content, toi !
Tu es dans ton élément.    Et tu es pieds nus, en plus ?

BECKET *sourit*.    C'est ma nouvelle coquetterie.

LE ROI.    Avec mes poulaines* fourrées, je crève d'engelures.
Tu n'en as pas ?

BECKET, *doucement*.    Si, bien sûr.

LE ROI *ricane*.    Tu les offres à Dieu, au moins, saint moine ?

BECKET, *grave*.    J'ai mieux à lui offrir.

LE ROI *crie soudain*.    Si nous commençons tout de suite, nous
allons nous disputer !    Parlons de choses indifférentes.    Tu sais
que mon fils a quatorze ans ?    Il est majeur.

BECKET.    Il s'est amélioré ?

LE ROI.    Un petit imbécile, sournois comme sa mère.    Ne te
marie jamais, Becket !

BECKET *sourit*.    La question est réglée maintenant.    Et par
Votre Altesse.    C'est elle qui m'a fait ordonner prêtre.

LE ROI *crie encore*.    Ne commençons pas encore, je te dis !
Parlons d'autre chose.

BECKET *demande*, *léger*.    Votre Altesse a beaucoup chassé ?

LE ROI, *furieux*.    Tous les jours !    Et cela ne m'amuse
plus.

BECKET.    Elle a de nouveaux faucons ?

LE ROI, *furieux*.    Les plus chers !    Mais ils volent mal.

BECKET.    Et les chevaux ?

LE ROI.    Le sultan m'a envoyé quatre étalons superbes pour le
dixième anniversaire de mon règne.    Mais ils foutent tout le
monde par terre.    Personne n'a encore pu les monter.

BECKET *sourit*.    Il faudra que je vienne voir ça un jour.

LE ROI.    Ils te foutront par terre comme les autres !    Et on
verra ton cul sous ta robe.    Du moins, je l'espère, ou ça serait à
désespérer de tout !

E

BECKET, *après un petit temps.*    Vous savez ce que je regrette le plus, Altesse ?    Ce sont les chevaux.

LE ROI.    Et les femmes ?

BECKET, *simplement.*    J'ai oublié.

LE ROI.    Hypocrite !    Tu es devenu hypocrite en devenant curé.    (*Il demande soudain :*) Tu l'aimais, Gwendoline ?

BECKET.    J'ai oublié aussi.

LE ROI.    Tu l'aimais !    C'est la seule explication que j'ai trouvée.

BECKET, *grave.*    Non, mon prince, en mon âme et conscience, je ne l'aimais pas.

LE ROI.    Alors, tu n'as jamais rien aimé, c'est pire.    (*Il demande, bourru :*) Pourquoi m'appelles-tu ton prince, comme autrefois ?

BECKET, *doucement.*    Parce que vous êtes resté mon prince.

LE ROI *crie.*    Alors, pourquoi me fais-tu du mal ?

BECKET, *à son tour, doucement.*    Parlons d'autre chose.

LE ROI.    De quoi ?    J'ai froid.

BECKET.    Je vous ai toujours dit, mon prince, qu'il fallait lutter contre le froid avec les armes du froid.    Mettez-vous nu tous les matins et lavez-vous à l'eau froide.

LE ROI.    Je l'ai fait autrefois, quand tu étais là pour m'y obliger.    Maintenant, je ne me lave plus.    Je pue !    Un temps, je me suis laissé pousser la barbe.    Tu l'as su ?

BECKET *sourit.*    Oui.    J'ai bien ri.

LE ROI.    Après, je l'ai coupée, parce que cela me grattait. (*Il crie, soudain, comme un enfant perdu.*)    Je m'ennuie, Becket !

BECKET, *grave.*    Mon prince.    Je voudrais tant pouvoir vous aider.

LE ROI.    Qu'est-ce que tu attends ?    Tu vois que je suis en train d'en crever !

BECKET, *doucement.* Que l'honneur de Dieu et l'honneur du roi se confondent.

LE ROI. Cela risque d'être long!

BECKET. Oui. Cela risque d'être long.

*Il y a un silence. On n'entend plus que le vent.*

LE ROI, *soudain.* Si on n'a plus rien à se dire, il vaut autant aller se réchauffer!

BECKET. On a tout à se dire, mon prince. L'occasion ne se présentera peut-être pas deux fois.

LE ROI. Alors, fais vite. Sinon, c'est deux statues de glace qui se réconcilieront dans un froid définitif. Je suis ton roi, Becket! Et tant que nous sommes sur cette terre, tu me dois le premier pas. Je suis prêt à oublier bien des choses, mais pas que je suis roi. C'est toi qui me l'as appris.

BECKET, *grave.* Ne l'oubliez jamais, mon prince. Fût-ce contre Dieu! Vous, vous avez autre chose à faire. Tenir la barre du bateau.

LE ROI. Et toi, qu'est-ce que tu as à faire?

BECKET. J'ai à vous résister de toutes mes forces, quand vous barrez contre le vent.

LE ROI. Vent en poupe, Becket? Ce serait trop beau! C'est de la navigation pour petites filles. Dieu avec le roi? Ça n'arrive jamais. Une fois par siècle, au moment des croisades, quand toute la chrétienté crie: « Dieu le veut! » Et encore! Tu sais comme moi quelle cuisine cela cache une fois sur deux, les croisades. Le reste du temps, c'est vent debout. Et il faut bien qu'il y en ait un qui se charge des bordées!

BECKET. Et un autre qui se charge du vent absurde — et de Dieu. La besogne a été, une fois pour toutes, partagée. Le malheur est qu'elle l'ait été entre nous deux, mon prince, qui étions amis.

LE ROI *crie, avec humeur.* Le roi de France — je ne sais pas encore ce qu'il y gagne — m'a sermonné pendant trois jours pour que nous fassions notre paix.    A quoi te servirait de me pousser à bout?

Becket.    A rien.

Le Roi.    Tu sais que je suis le roi et que je dois agir comme un roi.    Qu'espères-tu?    Ma faiblesse?

Becket.    Non.    Elle m'atterrerait.

Le Roi.    Me vaincre par force?

Becket.    C'est vous qui êtes la force.

Le Roi.    Me convaincre?

Becket.    Non plus.    Je n'ai pas à vous convaincre.    J'ai seulement à vous dire non.*

Le Roi.    Il faut pourtant être logique, Becket!

Becket.    Non.    Cela n'est pas nécessaire, mon roi.    Il faut seulement faire, absurdement, ce dont on a été chargé — jusqu'au bout.

Le Roi.    Je t'ai bien connu tout de même!    Dix ans, petit Saxon!    A la chasse, au bordel, à la guerre; tous les deux des nuits entières derrière des pots de vin; dans le lit de la même fille quelquefois — et même au conseil devant la besogne.    Absurdement.    Voilà un mot qui ne te ressemble pas.

Becket.    Peut-être.    Je ne me ressemble plus.

Le Roi *ricane*.    Tu as été touché par la grâce?

Becket, *grave*.    Pas par celle que vous croyez.    J'en suis indigne.

Le Roi.    Tu t'es senti redevenir saxon, malgré les bons sentiments collaborateurs du papa?

Becket.    Même pas.

Le Roi.    Alors?

Becket.    Je me suis senti chargé de quelque chose tout simplement, pour la première fois, dans cette cathédrale vide, quelque part en France, où vous m'avez ordonné de prendre ce fardeau.    J'étais un homme sans honneur.    Et, tout d'un coup, j'en ai eu un, celui que je n'aurais jamais imaginé devoir devenir mien, celui de Dieu.   Un honneur incompréhensible et fragile, comme un enfant-roi poursuivi.

LE ROI, *qui se fait plus brutal.* Si nous parlions de choses précises, Becket, avec des mots à ma portée?   Sinon, nous n'en finirons plus.   J'ai froid.   Et les autres nous attendent à chaque bout de cette plaine.

BECKET.   Je suis précis.

LE ROI.   Alors, c'est moi qui suis un imbécile.   Parle-moi comme à un imbécile!   C'est un ordre.   Lèveras-tu l'excommunication de Guillaume d'Aynesford et les autres que tu as prononcées contre des hommes à moi?

BECKET.   Non, mon roi, car je n'ai que cette arme pour défendre cet enfant à moi confié, qui est nu.

LE ROI.   Accepteras-tu les douze propositions qu'ont admises mes évêques en ton absence à Northampton, et notamment de renoncer à la protection abusive des clercs saxons, qui se font tonsurer pour fuir la glèbe?

BECKET.   Non, mon roi.   Car mon rôle est de défendre mes brebis et ils sont mes brebis.   (*Après un temps, il dit enfin:*) Je n'accepterai pas non plus que le choix des curés échappe à l'Épiscopat, ni qu'aucun clerc soit justiciable d'une autre juridiction que d'Église.   Ce sont là mes devoirs de pasteur qu'il ne m'appartient pas de résigner.   Mais j'accepterai les neuf autres articles, par esprit de paix, et parce que je sais qu'il faut que vous restiez le roi — fors l'honneur de Dieu.

LE ROI, *froid, après un temps.* Eh bien, soit.   Je t'aiderai à défendre ton Dieu, puisque c'est ta nouvelle vocation, en souvenir du compagnon que tu as été pour moi — fors l'honneur du royaume!   Tu peux rentrer en Angleterre, Thomas.

BECKET.   Merci, mon prince.   Je comptais de toute façon y rentrer et m'y livrer à votre pouvoir, car sur cette terre, vous êtes mon roi.   Et pour ce qui est de cette terre, je vous dois obéissance.

Le Roi, *embarrassé, après un temps.* Eh bien, retournons, maintenant. Nous avons fini. J'ai froid.

Becket, *sourdement aussi.* Moi aussi, maintenant, j'ai froid.

*Un silence encore. Ils se regardent. On entend le vent.*

Le Roi, *demande soudain.* Tu ne m'aimais pas, n'est-ce pas, Becket?

Becket. Dans la mesure où j'étais capable d'amour, si, mon prince.

Le Roi. Tu t'es mis à aimer Dieu? *(Il crie:)* Tu es donc resté le même, sale tête, à ne pas répondre quand on te pose une question?

Becket, *doucement.* Je me suis mis à aimer l'honneur de Dieu.

Le Roi, *sombre.* Rentre en Angleterre. Je te donne ma paix royale. Puisses-tu avoir la tienne. Et ne pas t'être trompé sur toi-même. Je ne te supplierai jamais plus. *(Il crie, soudain:)* Je n'aurais pas dû te revoir! Cela m'a fait mal!

*Il est soudain secoué d'un sanglot qui le casse sur son cheval.*

Becket, *ému, s'approche et murmure.* Mon prince.

Le Roi *hurle.* Ah non, pas de pitié! C'est sale. Arrière! Rentre en Angleterre! Rentre en Angleterre! On a trop froid ici!

Becket, *grave, faisant tourner son cheval et se rapprochant du roi.* Adieu, mon prince. Me donnez-vous le baiser de paix?

Le Roi. Non. Je ne puis plus t'approcher. Je ne puis plus te voir. Plus tard! Plus tard! Quand je n'aurai plus mal!

Becket. Je m'embarquerai demain. Adieu, mon prince. Je sais que je ne vous reverrai plus.

Le Roi *lui crie, défiguré, haineux.* Pourquoi oses-tu me dire cela après ma parole royale? Me prends-tu pour un traître? *(Becket le regarde encore un instant, grave, avec une sorte de pitié dans son regard. Puis, il détourne lentement son cheval et s'éloigne. Le vent redouble. Le roi crie soudain:)* Thomas!

*Mais Becket n'a pas entendu.    Il s'éloigne et le roi ne crie pas une
seconde fois.    Il cabre son cheval et part au galop dans la direction
opposée.    La lumière baisse et revient dans le bruit du vent qui aug-
mente.    C'est l'autre partie de la plaine, autour du roi de France.*

LE ROI LOUIS.    Ils ont fini.    Ils se séparent.

PREMIER BARON.    Ils n'ont pas échangé le baiser de paix.

LE ROI LOUIS.    Non.    J'ai vu cela.    J'ai peur que notre intercession royale ait été vaine.    On ne réconcilie pas l'eau et le feu.
Le voici! (*Becket arrive et arrête son cheval près du roi.    On
s'écarte.*)    Eh bien, Becket?

BECKET, *impénétrable*.    Merci, Sire, ma paix est faite.

LE ROI LOUIS.    De quelle paix voulez-vous parler?    Celle
de votre âme ou de la paix du roi?    Si c'est celle-là, elle ne
semblait guère chaleureuse de loin.

BECKET.    La paix du roi, Sire.    Pour l'autre, qui est bien
incertaine aussi, elle dépend d'un autre roi.

LE ROI LOUIS.    Henri ne vous a pas donné le baiser de paix,
n'est-ce pas?

BECKET.    Non.

LE ROI LOUIS.    Je ne voudrais pas, pour mon pesant d'or,
vous avoir donné le conseil de rentrer, Becket!    Vous allez
m'être un embarras, mais qu'importe!    Restez ici.    Ne vous
fiez pas à votre roi, tant qu'il ne vous aura pas donné le baiser de
paix.

BECKET.    Je m'embarquerai demain, Sire.    On m'attend là-
bas.

LE ROI LOUIS.    Qui vous attend? (*Becket a un sourire triste,
un geste vague et ne répond pas.    Trompettes lointaines.*) Les
troupes du roi Henri s'éloignent.    L'entrevue est terminée.
Rentrons à la Ferté-Bernard, messieurs.*

*Ils sortent tous.    Trompettes proches.    Devant le cyclorama qui est
assombri, une barque sur la scène.    C'est la nuit.    A bord Becket, le
petit moine et un marinier.*

*Tonnerre, tempête.   La barque manque chavirer.   Ils sont projetés les uns sur les autres par une lame.   Becket éclate de rire et crie au petit qui écope:*

BECKET.   Écope, petit, écope!   Ce qu'il faut, c'est en rejeter autant qu'on en reçoit, voilà tout!

LE MARINIER *crie à Becket.*   Tenez bon, mon Père!   La Manche est mauvaise à cette époque-ci, mais j'en ai vu d'autres!*   Et Dieu, qui ne me noie pas quand j'ai fait mon plein de maque-reaux, ne voudra sûrement pas me noyer le jour où je transporte un saint homme!

BECKET, *lui aussi crie, riant, comme apaisé dans la tempête.* L'habit ne fait pas le moine!   Prie mon fils!   On n'est jamais sûr que c'est un saint homme qu'on transporte!

LE MARINIER *lui crie.*   Priez plutôt, vous, mon Père!   Moi, je m'occupe de cette garce de barre!   Ça me suffit.

BECKET, *riant dans le vent.*   Tu as raison.   Chacun son ouvrage!

*Une vague plus haute.   La voile claque, la barque semble s'engloutir. Le marin redresse et crie:*

LE MARINIER.   Bravo, mon Père!   On voit que vous savez prier, vous!   Cette fois-là, on aurait dû y passer.

BECKET *murmure souriant, le visage ruisselant d'embruns.*   O bonne tempête de Dieu!   Les tempêtes des hommes sont ignobles.   Elles laissent un mauvais goût dans la bouche; qu'on en sorte vainqueur ou vaincu.   Il n'y a que contre les bêtes sauvages, contre l'eau, le feu et le vent qu'il est bon à l'homme de lutter.   (*Il crie au petit moine, désignant le vieux qui lutte cramponné à la barre:*) Regarde-le, à sa barre, le vieux marron sculpté. Avec sa chique qu'il ne crachera jamais, même pour boire le bouillon.   Regarde l'homme, sur sa coque de noix, tranquille au milieu de l'enfer. Il peut tout. Ah! J'aime les hommes! La rude race!

*Une nouvelle vague, le marinier redresse et crie:*

LE MARINIER.   Allez-y ferme, mon Père!   Encore quelques *Pater* et nous aurons passé le plus mauvais.   Priez dur!

BECKET *lui crie, joyeux, dans le vent.*  Compte sur moi!  Mais tiens ferme, toi aussi, mon vieux!  Dieu s'amuse.  Il sait bien que ce n'est pas comme ça que je dois mourir.

*La barque plonge encore dans une vague haute comme une maison et disparaît.  Le tonnerre, les éclairs encore dans la nuit, sur la mer déchaînée, dans une nuit épaisse.  Puis, une lumière incertaine. C'est une côte désertique   On entend encore le bruit de la mer au loin, mais c'est une impression de calme.  Becket et le petit moine sont debout, l'un près de l'autre, sur la grève nue.   Une aube vague et grise.*

BECKET.   Où sommes-nous?

LE PETIT MOINE.   On dirait la côte, pas loin de Sandwich.

BECKET.   Puisses-tu dire vrai.  Je connais le pays.  Nous allons pouvoir regagner Cantorbéry par des chemins de traverse.

LE PETIT MOINE.   Cet homme qui a couru vers nous sur la grève, au moment où nous allions nous embarquer en France, a dit qu'ils nous attendaient quelque part sur cette côte.

BECKET.   Dieu leur a envoyé une bonne tempête pour les tromper.  Ils n'ont pas dû croire que nous avons pu traverser. Ils sont rentrés chez eux se coucher.  Les assassins eux-mêmes dorment.

LE PETIT MOINE *demande, c'est une simple question.*   Faudra-t-il mourir?

BECKET.   Sans doute, mon fils.  Mais où et quand?  Dieu seul l'a décidé.  J'espère que nous arriverons jusqu'à mon église. J'ai idée que cela sera là-bas.  Tu as peur?

LE PETIT MOINE, *simplement.*   Oh, non.  Si on a le temps de se battre.  Ce que je veux seulement, avant, c'est donner quelques coups, que je n'aie pas fait qu'en recevoir.  Si je tue seulement un Normand avant — un seul, je ne suis pas exigeant — un pour un, ça me paraîtra tout de même juste.  On y va, mon Père?  On va leur montrer à nous deux qu'ils nous font pas peur* avec leurs cottes de mailles et leurs grandes lances, ceux qui nous attendent de ce côté?

BECKET, *lui prenant la main.*   On y va!

LE PETIT MOINE. C'est bon de mourir pour quelque chose
De se dire qu'on est un petit grain de sable, c'est tout, mais qu'à
force de mettre des grains de sable dans la machine, un jour, elle
grincera et elle s'arrêtera.

BECKET, *doucement.* Et ce jour-là?

LE PETIT MOINE. On mettra une belle machine toute neuve
et bien huilée, à la place de la vieille et, cette fois, ce sont les
Normands qu'on fourrera dedans. (*Il demande sincère:*) C'est ça
n'est-ce pas, la justice?

BECKET. Oui, ce doit être cela. Prions tous les deux avant
de partir. Nous en avons rudement besoin. (*Il joint les mains
debout à côté du petit moine qui prie, la tête baissée. Il murmure:*)
Oh, mon Dieu. Vous qui savez ce que nous allons chercher
chacun de notre côté, à votre rendez-vous — rien de pur ni l'un
ni l'autre, je le crains — protégerez-vous notre pauvre couple
Nous garderez-vous jusqu'au bout, jusqu'au pied de votre autel où
cela doit se passer? (*Il fait le signe de croix et se retourne vers le
petit moine.*) Allons maintenant. Il faut profiter du reste de
nuit pour marcher. Qu'est-ce que tu fais?

LE PETIT MOINE, *accroupi.* J'essaie de rafistoler ce qui reste de
ma sandale. Ça tombe bien si je meurs demain, parce que
j'avais plus rien aux pieds.

*Il travaille, sérieux et cocasse, avec son couteau. Becket le regarde
Il murmure:*

BECKET. Cela aurait été une solution aussi, mon Dieu
d'aimer les hommes.

LE PETIT MOINE *s'est relevé.* Ça y est. Ça tiendra un bout
de temps.

BECKET, *lui prenant la main.* Alors, allons-y du pied gauche
Et si on sifflait quelque chose d'un peu gai, tous les deux, pour se
réchauffer? Ce serait un péché, tu crois, étant donné où nous
allons? Après tout, Dieu envoie ses épreuves, mais il n'a
jamais dit, nulle part, qu'on ne pouvait pas les accepter en
sifflant?

*Ils s'éloignent tous les deux sur la grève, la main dans la main, sifflant la marche qu'affectionne Becket. La lumière change. Des rideaux rouges tombent. Des valets apportent la table, les escabeaux, le haut fauteuil du roi. Henri, son fils aîné, les reines et les barons prennent place autour de la table. Des torchères font une lumière crue et des ombres mouvantes. On entendra la marche courageuse sifflée en coulisse pendant le changement de décor.*

*Tous attendent, debout autour de la table. Le roi, le regard étincelant d'ironie méchante, les regarde tous, puis il clame:*

LE ROI. Messieurs, aujourd'hui, ce n'est pas moi qui m'assiérai le premier! (*A son fils, qu'il salue comiquement:*) Vous êtes roi, Monsieur! A vous l'honneur. Prenez le fauteuil et aujourd'hui, c'est moi qui vous servirai.

LA REINE MÈRE, *un peu agacée.* Mon fils!

LE ROI. Je sais ce que je fais, Madame. (*Il crie soudain:*) Allons, bougre d'idiot, grouille! Tu es roi, mais tu es toujours aussi bête. (*Sournois et un peu gêné, le garçon qui a ébauché le geste d'esquiver une gifle quand son père a crié, va s'asseoir à la place d'Henri.*) Prenez place, messieurs. Moi je reste debout. Barons d'Angleterre, voici votre second roi! Pour le bien de nos vastes provinces, un collègue en royauté nous était devenu nécessaire.* Renouant avec une antique coutume, nous avons voulu faire sacrer notre successeur de notre vivant et partager nos responsabilités avec lui. Nous vous demandons aujourd'hui de lui rendre votre hommage et de l'honorer du même titre que nous.

*Il fait un signe. Deux écuyers tranchants* ont apporté une pièce de venaison sur un grand plat d'argent. Le roi sert son fils.*

LA REINE, *à son fils.* Tenez-vous droit. Et tâchez au moins de manger proprement, aujourd'hui que vous êtes à l'honneur.

LE ROI *grommelle, le servant.* Il ne paie guère de mine. C'est un petit sournois, un peu borné. Mais enfin, un jour, il sera bel et bien votre roi; autant vous y habituer tout de suite! Et, d'ailleurs, c'est tout ce que j'avais à vous offrir...

LA REINE MÈRE *éclate soudain, indignée.* Allez, mon fils!

Ce jeu est indigne de vous et de nous.   Vous l'avez vou lu—
contre mes avis — jouez-le du moins dignement.

Le Roi *se retourne, furieux.*   Je joue aux jeux qui m'amusent,
Madame, et de la façon qui m'amuse!   Cette chienlit,* messieurs,
d'ailleurs sans aucune importance — si votre nouveau roi bouge,
venez me le dire, je m'en chargerai avec un coup de pied au
train* — aura tout au moins un résultat appréciable, celui de
montrer à notre nouvel ami l'Archevêque-primat que nous
savons nous passer de lui!   Car s'il y avait un antique privilège
auquel la Primatie tenait, dur comme fer, c'était bien celui d'avoir,
seule, le droit d'oindre et de sacrer les rois de ce pays.   Eh bien,
c'est cette vieille crapule d'archevêque d'York — avec de bonnes
lettres du Pape l'y autorisant (j'y ai mis le prix) — qui sacrera,
demain, notre fils dans notre cathédrale.   Ah! la bonne farce!
(*Il pouffe bruyamment dans le silence des autres.*)   Ah! la bonne,
l'excellente farce!   Ah! la tête de l'Archevêque quand il aura à
digérer ça!   (*A son fils.*)   Sors de là, maintenant, imbécile, et
retourne au bout de la table avec ta viande.   Tu ne seras sacré
officiellement que demain.

*Le petit, avec un regard soumis et haineux à son père, change de
place, emportant son assiette.*

Le Roi, *qui l'a regardé passer, goguenard.*   Quel regard!   C'est
beau, les sentiments filiaux, messieurs.   Tu voudrais bien que ce
soit pour de bon, hein, petite brute?   Tu le voudrais bien, ton
numéro trois, et papa bien raide sous son catafalque?   Il faudra
attendre encore un peu!   Papa va bien.   Papa va extrêmement
bien!

La Reine Mère.   Mon fils, Dieu sait si j'ai critiqué votre
tentative de rapprochement avec ce misérable, qui ne nous a fait
que du mal...   Dieu sait si je comprends votre haine pour lui!
Mais, du moins, qu'elle ne vous entraîne pas à un geste gros de
conséquences, pour le seul plaisir de blesser son orgueil.   Henri
n'est encore qu'un enfant.   Mais vous n'étiez guère plus grand
que lui quand vous avez voulu gouverner par vous-même,
contre moi.*   Des ambitieux — qui ne manquent jamais autour
des princes — peuvent le conseiller, monter un parti contre vous,

s'autorisant de ce couronnement hâtif et diviser le royaume. Songez-y, il est encore temps!

LE ROI. Nous sommes encore là, Madame, je vous dis! Et rien n'égale mon plaisir à imaginer la tête de mon orgueilleux ami Becket, quand il verra le privilège essentiel de la Primatie escamoté. Je me suis laissé grignoter quelques articles, l'autre jour, mais je l'attendais à ce tournant-là.

LA REINE MÈRE *se dresse.* Henri! J'ai été plus longtemps chargée du poids des affaires que vous. J'ai été votre reine et je suis votre mère. Vous êtes comptable des intérêts d'un grand royaume, pas de vos humeurs. Vous avez déjà trop donné au roi de France, à La Ferté-Bernard. C'est de l'Angleterre que vous devez vous occuper, pas de votre haine — ou de votre amour déçu — pour cet homme!

LE ROI *se dresse aussi, furieux.* Mon amour déçu, mon amour déçu? Qui vous autorise, Madame, à vous occuper de mes amours?

LA REINE MÈRE. Vous avez contre cet homme une rancœur qui n'est ni saine ni virile! Le roi, votre père,* traitait plus vivement et plus sommairement ses ennemis. Il les faisait tuer et n'en parlait pas tant. Thomas Becket serait une femme qui vous aurait trahi et que vous aimeriez encore, vous n'agiriez pas autrement. Tudieu! Arrachez-vous-le une bonne fois du cœur. (*Elle rugit soudain:*) Ah! si j'étais un homme!

LE ROI, *goguenard.* Remercions Dieu, Madame. Il vous a doté de mamelles dont je n'ai jamais, d'ailleurs, personnellement profité... J'ai tété une paysanne.

LA REINE MÈRE, *aigre.* Sans doute, est-ce pour cela que vous êtes resté aussi lourd, mon fils.

LA REINE *se dresse soudain à son tour.* Et moi, n'ai-je point la parole? Je vous ai toléré vos maîtresses, Monsieur, mais vous croyez que je tolérerai tout? Me prenez-vous pour une de vos margotons,* ou songez-vous quelquefois de quelle race je suis? Je suis lasse d'avoir ma vie encombrée par cet homme. Toujours lui! Toujours lui! On ne parle que de lui, ici! Il était presque moins encombrant quand vous l'aimiez. Je suis femme. Je suis votre femme et votre reine. Je ne veux plus être traitée ainsi. Je me plaindrai au duc d'Aquitaine, mon père! Je me plaindrai à mon oncle, l'Empereur! Je me plaindrai à tous les rois d'Europe, mes parents! Je me plaindrai à Dieu!

LE ROI, *tonnant, un peu vulgaire.* Commencez donc par Dieu! Filez dans votre oratoire voir s'il y est! (*Il se retourne vers sa mère, flamboyant.*) Et vous, l'autre Madame, dans votre cabinet, avec vos conseillers secrets, pour y tramer vos toiles! Sortez toutes les deux! Je ne veux plus vous voir! Je vomis d'ennui quand je vous vois! Et le jeune Henri III de même! Et plus vite que ça! (*Il le chasse à coups de pied, hurlant:*) Mon pied royal dans vos fesses royales! Et toute ma famille au diable, s'il en veut! Sortez! Sortez! Sortez tous!

*Elles sont sorties en désordre, dans un grand froissement de soie. Il se retourne vers ses barons qui se sont dressés, épouvantés.*

LE ROI, *un peu calmé.* Buvons, messieurs, puisque avec vous c'est tout ce qu'on peut faire. Saoulons-nous, comme des hommes, toute la nuit! jusqu'à ce que nous roulions sous la table, dans les vomissures et l'oubli. (*Il les sert, les attirant à lui d'un geste.*) Ah! mes quatre imbéciles! Mes fidèles. Il fait chaud avec vous, comme dans une étable. Bonnes sueurs. Bons néants. (*Il leur cogne la tête.*) Pas la plus petite lueur, là-dedans, pour déranger un peu la fête. Dire qu'avant lui j'étais comme vous! Une bonne grosse machine à roter après boire, à pisser, à enfourcher les filles et à donner des coups. Qu'est-ce que tu es venu y fourrer, Becket, pour que cela ne tourne plus rond? (*Il demande soudain:*) Vous pensez, vous, quelquefois, baron?

2e BARON. Jamais, Altesse. Cela n'a jamais réussi à un Anglais. C'est malsain. Et d'ailleurs un gentilhomme a autre chose à faire.

LE ROI, *calmé soudain.* Buvons, messieurs! Cela a été, de tous temps, reconnu sain. (*Il se sert, les sert et demande:*) Becket a abordé? On m'a dit que la mer avait été trop mauvaise ces jours-ci pour lui permettre le passage?

1er BARON, *sombre.* Il a abordé, Altesse, malgré la mer.

LE ROI. Où?

1er BARON. Sur une côte déserte, près de Sandwich.

LE ROI. Dieu n'a pas voulu le noyer?

1er BARON. Non.

LE ROI *demande soudain, prenant son air de brute sournoise.* Personne ne l'attendait là-bas? Il n'a pas que des amis, pourtant, en Angleterre!

1er BARON. Si. Gervais, vicomte de Kent, Regnouf de Broc et Regnault de Garenne l'attendaient. Gervais avait dit que, s'il osait aborder, il lui couperait la tête, de sa propre main. Mais les hommes de race anglaise, de toutes les villes de la côte, s'étaient armés pour faire escorte à l'Archevêque. Et le doyen d'Oxford est allé à la rencontre des barons, les adjurant de ne point faire couler le sang et vous faire passer pour traître, puisque l'Archevêque avait votre sauf-conduit.*

LE ROI, *sombre.* Il a mon sauf-conduit.

1er BARON. Tout le long de la route de Cantorbéry, les paysans, les ouvriers, les petits marchands sont venus à sa rencontre, l'acclamant et lui faisant escorte de village en village. Pas un homme riche ne s'est montré, pas un Normand.*

LE ROI. Seulement des Saxons?

1er BARON. De pauvres gens armés d'écus de fortune et de lances rouillées. De la racaille. Mais nombreuse, qui campe autour de Cantorbéry, pour le protéger, disent ses meneurs. Une immense masse en haillons, sortie de ses trous, qu'on ne voyait jamais. Les évêques et les barons commencent à craindre pour leur sécurité, enfermés dans leurs places fortes, au milieu de cette vermine qui tient tout le pays. (*Il conclut, sombre:*) On n'aurait jamais pu croire qu'il y avait tant de monde en Angleterre.

*Le roi est resté silencieux, prostré; soudain, il se lève et rugit:*

Le Roi.   Un misérable qui a mangé mon pain!   Un homme que j'ai tiré du néant de sa race!   Que j'ai aimé!   (*Il crie, comme un fou:*) Je l'ai aimé!   (*Il leur crie, comme un défi absurde:*) Oui, je l'ai aimé!   Et je crois bien que je l'aime encore.   Assez, mon Dieu!   Assez!   Arrêtez, mon Dieu, j'en ai assez!

*Il s'est jeté sur le lit de repos, en proie à une crise nerveuse, sanglotant, déchirant le matelas de crin avec ses dents, mangeant le crin.\* Les barons, étonnés, se rapprochent.*

1ᵉʳ Baron, *timide.*   Altesse...

Le Roi, *qui ne semble pas l'avoir entendu, gémit, la tête dans son matelas.* Rien!   Je ne peux rien!   Veule comme une fille. Tant qu'il vivra, je ne pourrai jamais rien.   Je tremble, étonné, devant lui...   Et je suis roi!   (*Il crie, soudain:*) Personne ne me délivrera donc de lui?   Un prêtre!   Un prêtre qui me nargue et me fait injure!\*   Il n'y a donc que des lâches, comme moi, autour de moi?   Il n'y a donc plus un homme, en Angleterre? Oh! mon cœur!   Mon cœur bat trop fort!   (*Il est couché, comme un mort, sur le matelas au crin défait.   Les quatre barons sont interdits autour de lui.   Soudain, sur un instrument à percussion, naît un rythme, une sorte de tam-tam sourd qui n'est, au début, que le battement du cœur agité du roi, mais qui s'amplifie et s'affirme.   Les quatre barons se sont regardés en silence.   Ils se dressent, bouclent leurs ceinturons, prennent leurs casques et sortent lentement, laissant le roi, sur le rythme sourd du battement du cœur qui ne cessera plus jusqu'au meurtre.   Le roi est seul un instant, prostré dans la salle déserte, aux escabeaux renversés.   Une torche grésille et s'éteint.   Il se redresse, regarde autour de lui, s'aperçoit qu'ils sont partis et, soudain, comprend pourquoi...   Il a l'œil égaré.   Une hésitation, puis il s'écroule sur son matelas en gémissant, dans un sanglot:*) O mon Thomas!

*Une deuxième torche s'éteint, faisant le noir.   On n'entend plus que le tam-tam sourd et régulier.   La lumière revient, incertaine. C'est la même forêt de piliers, la cathédrale de Cantorbéry.   Au fond, un petit autel sur trois marches, l'amorce d'une grille.   Dans un coin, à l'avant-scène, Becket que le petit moine aide à se vêtir de ses habits sacerdotaux.   Sur un tabouret près d'eux, la mitre archiépiscopale, la haute croix d'argent appuyée contre un pilier.*

BECKET. Il faut que je sois beau. Fais vite!

*Le petit moine l'habille, maladroit. On entend le tam-tam sourd, très loin d'abord, puis qui va se rapprocher.*

LE PETIT MOINE. C'est difficile, tous les petits liens. Il faudrait des mains de fille!

BECKET, *doucement.* Des mains d'homme, aujourd'hui, c'est mieux. Laisse les liens défaits. L'aube, vite. Et l'étole. Et puis la chape.

LE PETIT MOINE, *appliqué.* Il faut que ce qui doit être fait soit fait.

BECKET. Tu as raison. Il faut que ce qui doit être fait soit fait. Lie tous les petits liens. Sans en passer un... Dieu nous donnera le temps.

*Un silence, le petit moine s'applique tirant la langue, maladroit. On entend le tam-tam plus proche.*

BECKET, *souriant.* Ne tire pas la langue en t'appliquant.

> *Il le regarde travailler.*

LE PETIT MOINE, *suant et satisfait.* Voilà. Tout est en ordre. Mais j'aurais préféré m'occuper de mes bêtes! C'est moins dur.

BECKET. L'aube, maintenant. (*Il demande, pendant que le petit moine l'habille.*) Tu les aimais bien, tes bêtes?

LE PETIT MOINE *dont le regard s'éclaire.* Oui.

BECKET. Chez mon père aussi il y avait des bêtes quand j'étais petit. (*Il lui sourit.*) On est deux gars d'Hastings, tous les deux! Donne-moi la mitre maintenant, que je me coiffe. (*Pendant que le petit va chercher la mitre il dit doucement.*) Seigneur, vous avez interdit à Pierre de frapper au jardin des Olives, mais moi je ne le priverai pas de cette joie. Il n'en a tout de même pas eu assez, pendant son court passage ici. (*Au petit moine qui l'a coiffé de sa mitre.*) Donne-moi ma croix d'argent, maintenant. Il faut que je la tienne.

LE PETIT MOINE, *la lui passant.*   D'autant plus qu'un bon coup avec ça... c'est que ça pèse! Ah! si je l'avais en main, moi!

BECKET *sourit, avec une caresse.*   Heureux petit Saxon!   Finalement, pour toi, ce monde noir aura été en ordre jusqu'au bout. *(Il se redresse redevenu grave.)*   Me voilà prêt Seigneur, paré pour votre fête.   Ne laissez pas, pendant ce temps d'attente, un dernier doute m'envahir...

*Pendant cette scène, le tam-tam s'est rapproché.   Il est tout près maintenant et se confond soudain avec de grands coups frappés dans une porte.   Un prêtre entre, affolé:*

LE PRÊTRE.   Monseigneur!   Quatre hommes sont là, armés. Ils disent qu'ils doivent vous voir de la part du roi.   J'ai fait barricader la porte, mais ils l'enfoncent.   Ils ont des haches! Vite!   Il faut vous retirer dans le fond de l'église et donner l'ordre de fermer la grille du chœur!   Elle est solide.

BECKET, *calme.*   C'est l'heure des vêpres, Guillaume.   Est-ce qu'on ferme la grille du chœur, pendant les vêpres?   Cela ne se serait jamais vu.

LE PRÊTRE, *interdit.*   Non, mais...

BECKET.   Alors, que tout soit dans l'ordre.   On ne fermera pas la grille du chœur.   Viens, petit, allons jusqu'à l'autel.   Nous ne sommes pas bien ici.

*Il se dirige vers l'autel, suivi du petit moine.   Un fracas.   La porte a cédé.   Les quatre barons entrent, casqués, dégainant, jetant leurs haches en désordre.   Becket s'est retourné vers eux, grave et calme, au pied de l'autel.   Ils s'arrêtent un instant, incertains, déconcertés: quatre statues énormes et menaçantes.   Le tam-tam s'est arrêté.   Il n'y a plus qu'un épais silence.   Becket dit simplement:*

BECKET.   Ah!   Voilà enfin la bêtise.   C'est son heure. *(Il ne les quitte pas des yeux.   Ils n'osent bouger.   Il demande froid:)* On n'entre pas armés dans la maison de Dieu.   Que voulez-vous?

1er BARON, *sourdement.*   Que tu meures.

*Un silence, le second ajoute soudain, sourdement aussi:*

2ᵉ Baron.    Tu as fait honte au roi.    Fuis ou tu es mort!

Becket, *doucement.*    C'est l'heure de l'office.

*Il se retourne vers l'autel où se dresse un haut crucifix sans plus s'occuper d'eux.    Le tam-tam reprend, sourd.    Les quatre hommes s'avancent, comme des automates.    Le petit moine bondit, soudain, brandissant la lourde croix d'argent pour protéger Becket, mais un baron l'étend raide, d'un coup d'épée.*

Becket *murmure comme un reproche:* Même pas un...    Cela lui aurait fait tant de plaisir, Seigneur.    (*Il crie soudain:*) Ah! que vous rendez tout difficile et que votre honneur est lourd!    (*Il dit encore, soudain, tout bas:*) Pauvre Henri.

*Les quatre hommes se sont jetés sur lui.    Recevant le premier coup, il tombe.    Ils s'acharnent sur son corps avec des hans de bûcherons.    Le prêtre a fui avec un long hurlement dans la cathédrale vide.    Le noir soudain.    La lumière revient.*
*A la même place, le roi nu, à genoux, sur la tombe de Becket, comme au début de la pièce.    Quatre moines lui tapent dessus, avec des cordes, faisant presque le même geste que les barons tuant Becket.*

Le Roi *crie:* Tu es content, Becket?    Il est en ordre, notre compte?    L'honneur de Dieu est lavé?

*Les quatre moines achèvent de frapper, puis s'agenouillent baissant la tête.    Le roi bredouille, on sent que c'est le cérémonial:*

Merci.    Mais oui... mais oui, c'était convenu.    C'est pardonné.
Merci beaucoup.

*Le page avance avec un vaste manteau, dont le roi s'enveloppe.    Les barons entourent le roi, l'aidant à se rhabiller pendant que les évêques et le clergé, formés en procession, s'éloignent solennellement au fond, au son de l'orgue.    Le roi se rhabille hâtivement, d'assez mauvaise humeur, aidé de ses barons.    Il a une grimace de mauvaise humeur et grogne:*

Le Roi.    Les cochons!    Les évêques normands ont fait le simulacre, mais les petits moines saxons, eux, en ont voulu pour leur argent.*

Un Baron *s'avance, venant du dehors.    On entend des cloches*

*joyeuses.* Sire, l'opération est réussie! Il paraît que la foule
saxonne hurle d'enthousiasme autour de la cathédrale, acclamant
le nom de Votre Majesté, en même temps que celui de Becket.
Si maintenant les Saxons sont pour nous, les partisans du prince
Henri* semblent définitivement perdus.

Le Roi, *avec assez de majesté hypocrite sous son air de gros garçon.*
L'honneur de Dieu, messieurs, est une bonne chose et on gagne,
tout compte fait, à l'avoir de son côté.  Thomas Becket — qui fut
notre ami — le disait.  L'Angleterre lui devra sa victoire finale
sur le chaos et nous entendons qu'il soit désormais, dans ce
royaume, prié et honoré comme un saint.  Venez, messieurs.
Nous déciderons, ce soir, en conseil, des honneurs posthumes à
lui rendre et du châtiment de ses assassins.

1ᵉʳ Baron, *imperturbable.*   Sire, ils sont inconnus.

Le Roi, *le regarde et lui dit impénétrable.*   Nous les ferons
rechercher par notre justice, Baron, et vous serez tout spéciale-
ment chargé du soin de cette enquête, afin que tous n'ignorent
rien de notre volonté royale de défendre désormais l'honneur de
Dieu et la mémoire de notre ami.

*L'orgue reprend et s'amplifie, triomphal, mélangé aux cloches et aux
acclamations joyeuses de la foule pendant qu'ils sortent.  Le rideau
tombe.*

# NOTES

Words and phrases given in translation in *Harrap's Shorter French and English Dictionary* are not normally listed here. The numbers refer to the pages.

43. **... inquiétantes:** this is presumably a cryptic allusion to the monks referred to in l.2 of the opening speech. The author has a certain fondness for this sort of 'impressionistic' stage direction.

44. **La Ferté-Bernard:** this town is some fifty miles south-west of Chartres. The playwright seems imaginatively to have combined the earlier meeting between the King and Archbishop in January 1169—whence the reference to the cold—with the final meeting of July 1170.

   **... Archevêque?:** the choice of this form of address at this point brings home forcibly to the reader the striking paradox provided by Anouilh's presentation of Becket's character: saintly prelate on the one hand, companion of the King's debauches on the other.

   **tes Saxons:** for this and all subsequent mentions of the Saxon people, see Introduction, p. 18.

   **cette grosse masse amorphe:** the Saxon people.

45. **... de compagnie:** *cf.* Augustin Thierry: "il partageait sa table, ses jeux et jusqu'à ses débauches" (*Histoire de la conquête de l'Angleterre par les Normands* (3rd edition, 1830), Vol. III, p. 109). All subsequent references to Thierry's account are to this edition and to the same volume.

46. **... leur rôle:** a reflection on the very different attitude of the courtier, particularly the French courtier, of the seventeenth and eighteenth centuries.

   **sans trace d'accent anglais:** *cf.* "on l'envoya en France pour ... perdre l'accent anglais, qui était alors en Angleterre un signe de réprobation" (Thierry, p. 106).

   **collaborer:** a deliberate anachronism, of the sort found so frequently in Anouilh's other plays dealing with historical subjects, or *e.g.* in *Antigone*. Though '*collaborer*' goes back to the early nineteenth century, it is impossible in this context to disregard the overtones it acquired in the 1940's. *Cf.* the treatment of the same subject in *La Foire d'Empoigne*.

**France:** originally used to denote the small province of the Ile de France, where the dialect called 'Francien' was spoken, the name had come by the twelfth century to apply to the domains of the King of France as a whole.

47. **occupé:** *cf.* the above note on *collaborer*.

48. **fourchettes:** the earliest use of forks in the Middle Ages was to eat fruit; the fork was only introduced for eating meat in Renaissance times.

   **... l'intérêt:** *scil.* '*qu'il y a à s'en servir.*'

   **Que je voie la tête de ...:** 'I should like to see the faces of ....'

   **fichus de:** P. 'capable of.'

49. **le poste de Chancelier d'Angleterre:** though a vacancy had existed for some time, it is not historically accurate to suggest that the office of Chancellor had lapsed. Nor was the appointment of Becket a surprise to the Church party: Theobald had evidently introduced him to the King with this in mind, and his appointment came within a few months of their first meeting, not (as Thierry states, p. 108) "peu d'années après."

   **très jeune:** in fact, Becket became Chancellor at the age of 38, while Henry was 22 at the time.

   **archidiacre:** see Introduction, p. 8.

50. **diacre:** see Introduction, p. 8.

   **affaires:** *scil.* '*affaires d'honneur.*'

   **Pastor curare gregem debet:** 'the shepherd should look after his flock.'

   **... l'écu au bras:** for this tax, *écuage* or 'scutage,' see Introduction, p. 10.

   **Distinguo:** a term used in mediaeval scholastic disputation.

51. **ils l'ont retroussée leur soutane:** anticipation of both subject and object of the same sentence by pronouns is a feature of vigorous popular speech, of which Anouilh is particularly fond. It will be observed that the tone of Henry's speeches in general is very racy, and this is one of the ways in which the earthiness of his character, as conceived by Anouilh, is suggested.

   **potron-minet:** this popular expression, the origin of which is obscure, means 'dawn.'

   **pour remettre:** this absolute use of a transitive infinitive is another feature of popular speech.

52. **. . . d'un marinier:** there appears to be no historical justification for this.

53. **lansquenets allemands . . . fantassins suisses:** *lansquenet* (from the German *Landsknecht*) was a term used to denote a German footsoldier, often a mercenary. The custom of using foreign mercenaries dates from the twelfth or thirteenth centuries, but the Swiss did not gain their particular reputation as professional soldiers until the fifteenth century.

    **. . . de ta mère l'Église:** *cf.* Thierry, p. 111: "Gilbert Foliot, évêque de Londres, l'accusa publiquement de plonger l'épée dans le sein de l'Église sa mère." Whilst the historical Foliot was equally open in his hostility to Becket, this was after Becket's election to the Archbishopric; and he was of course still Bishop of Hereford while Becket was Chancellor.

54. **en-cas:** usually 'emergency provisions'; here 'snack.'

    **prendre:** this intransitive use of the verb is a feature of popular speech.

56. **abscons:** 'abstruse.'

57. **à la cantonade:** 'in the wings,' 'off.'

    **l'homme:** this inclusion of the definite article in a form of address is familiar and patronising.

    **bouchonner:** to 'rub down' a horse (with a *bouchon* of straw).

59. **cahute:** 'hut.'

60. **jacquerie:** from the fourteenth-century rebellion of peasants (known as *jacques*), which was brutally suppressed.

    **je ne dis pas:** *scil.* '. . . *la même chose.*'

62. **Elle:** *scil.* '*Cette histoire . . . .*'

    **donnant-donnant:** 'tit for tat.'

64. **. . . des anges:** often taken as an example of the futility of mediaeval scholastic discussion.

    **. . . sur mon peuple:** the Norman conquest of Wales was only a very partial one, confined to the lowland and border country.

65. **Assez bâfré:** *scil.* '*Vous avez assez bâfré.*'

66. **sur ta mère:** for this legend about Becket's parentage, see Introduction, p. 18.

    **chantant:** the language of this song is in some respects a pastiche of mediaeval French (omission of the pronoun subject: *e.g.* l.13, "Maures pourfendit"; archaisms such as *lors* (for *alors*), *pourfendre*), though the total effect is unconvincing. In particular the loose approximation to rhyme (*Gilbert—guerre, matin—Sarrasins, Sarrasine —fille,* etc.) belongs to late nineteenth or twentieth-century poetry,

while the "*s'en alla-t-en guerre*" of l.2 seems to be an obvious copy
of the well-known eighteenth-century verse about Marlborough;
and the form *tombit* (l.16) has no historical justification at all.
However, to recognise the song as linguistically unconvincing is
not to deny its dramatic effectiveness; in fact, it contributes power-
fully to the atmosphere of what is surely the most moving scene in
the play.

68. **ventre:** while the account given by Thierry (p. 105) does suggest
(unlike the mediaeval form of the legend) that Gilbert's future wife
helped him in his escape, the suggestion that Thomas was conceived
before her journey to England in search of Gilbert appears to be
Anouilh's own.

69. **ça se termine:** the use of the pronoun to resume a noun subject
is yet another feature of popular speech put into the mouth of the
King. The contrast in tone between Becket's more correct speech
and the cruder delivery of the King and his barons is quite
marked.

71. **viens contre moi:** an effective climax is provided to this scene of
brutality by the forcing together in physical proximity of the two
men, separated by psychological tension. For a very similar effect,
*cf.* the scene in *Colombe* in which Julien insists on embracing his
brother Armand immediately after the discovery that Colombe, his
wife, has deceived him with Armand (*Pièces brillantes*, pp. 293–4).

73. **Qui c'est:** throughout this scene the lack of intelligence of the
Barons, and the consequent contrast with Becket, are emphasised
by the popular features of speech which are attributed to them:
in this case, the phrasing of a question without inversion.
**Une supposition que:** *scil.* '*je fais la supposition que . . .,*' a popular
variant of *supposons que . . .*

74. **un gens d'arme:** this form is philologically quite impossible: *gens*
has always been the plural form and *gendarme* was a later formation
on the model of the plural *gensdarmes*.

76. **la piétaille:** this appears to be a neologism. The suffix *-aille*
is peiorative (*cf. marmaille, valetaille*).
**coupe-jarrets:** *lit.* 'hamstringers,' hence 'cut-throats.'

77. **. . . de réussir:** however telling such an assessment of the modern
Englishman's character may be, it should not be necessary to stress
that it is another deliberate anachronism.
**. . . qui, eux, vivent vieux:** these lines bear a distinct resemblance
to passages such as the one from *Eurydice* quoted in the Introduction
(p. 25), in which the idealist hero is contrasted with the rest of

humanity. This is one of several intimations in Acts I and II of Becket's forthcoming elevation to the status of hero.

**... tous les hivers:** a good instance of Anouilh's presentation of the past in terms of the present. This is precisely the cliché that represents France to many English minds today.

78. **... des idées:** though this sentence is grammatically imperfect, its meaning is clear enough: '*lui*' refers back to '*la mort.*'

**on s'est battus:** normal usage requires singular agreement with *on*, and the plural here is a concession to popular usage in cases where *on* represents a plural subject.

**... à faire:** the emphasis placed on this trait of Becket's character in the first two Acts, when he has not yet found his '*honneur,*' serves to prepare the way for his integrity and single-mindedness as Archbishop.

79. **la crosse:** the game of lacrosse appears to be unknown in France, and was perhaps chosen by the author because it suggested— erroneously—a typically English game to the French reader or spectator.

**... joueurs anglais:** whilst the term '*une partie de cricket*' provides yet another instance of the anachronistic local colour to which Anouilh is so partial, it is evident that the author had no knowledge of the game beyond its name.

**au mail:** a *mail* was an alley in which the old game of 'pall-mall' was played.

**je me désosse:** 'I perform all sorts of acrobatics.'

**le score:** the word is a recent borrowing from English.

**la taxe:** a reference to the tax of 'scutage' (see Introduction, p. 10).

80. **caille:** "terme d'amitié dont on se sert envers les enfants ou les jeunes femmes" (*Larousse du xxᵉ siècle*).

**Plantagenêt:** the title is generally applied (though not altogether accurately) to the Angevin dynasty descended from Geoffrey of Anjou, and derives from the latter's habit of wearing a sprig of broom in his cap.

**Sus aux fidèles ... ça nous changera:** 'Let's have at the faithful! It will be a change, for once in a way' (*i.e.*, a campaign against the supporters of the ecclesiastical party will be a change from the usual call to arms in an age of Crusades etc.).

81. **Quelle canaille tu fais!:** 'What a scoundrel you are.'

82. **C'était pour vous dire qu'il est mauvais:** 'So you see how vicious he is.'

83. **justement cet endroit-là:** *cf.* Thierry, p. 108: "Henri II...
attacha à ces deux emplois de gros revenus qui, par un hasard assez
étrange, furent assis sur les lieux de funeste mémoire pour un
Anglais: c'étaient la prébende de Hastings, la garde du château de
Berkhamsted et le gouvernement de la Tour de Londres."

86. **... le français:** Becket was in fact sent over to study at the
University of Paris, but Thierry merely notes that "on l'envoya
en France." *Cf.* note on p. 46.

**vous vous rappelez de:** *se rappeler* is normally used transitively.

87. **mangeurs de grenouilles:** this description of the French is of
course a well-known English cliché, and it is one of several satirical
shafts in the play directed at the present-day English character.

**rien se passer:** it is not easy to render the distinction between
*se permettre qch.* and *se passer qch.* The sentence might be translated:
'one may indulge one's whims, but not one's weaknesses.'

**Quel cafard tu fais:** 'How sanctimonious you are.'

**côté cour:** as a theatrical term, the 'O.P. side' (opposite prompter).

90. **qui se serait fait sa tête:** 'made up to look like him.'

92. **la main royale:** for the mechanics of Becket's election, *cf.* Thierry,
pp. 116–18.

**... de ces saintes fonctions:** *cf.* Thierry, p. 117: "Dans une des
conférences qu'ils avaient habituellement ensemble sur les affaires
d'État, le roi lui dit qu'il devait se préparer à repasser la mer pour
une commission importante. 'J'obéirai, répondit le chancelier,
aussitôt que j'aurai reçu mes instructions. — Quoi! reprit le roi
d'un ton expressif, tu ne devines pas ce dont il s'agit, et que je
veux fermement que ce soit toi qui deviennes archevêque?'
Thomas se mit à sourire, et levant un pan de son habit, 'Voyez un
peu, dit-il, l'homme édifiant, le saint homme que vous voudriez
charger de si saintes fonctions!'"

93. **les délais:** '(You have been in deacon's orders for) the necessary
length of time.'

**... votre ami:** *cf.* Thierry, p. 118: "Je crois que, si je devenais
archevêque, nous ne serions bientôt plus amis."

95. **... ce soir:** for this whole passage, *cf.* Thierry, p. 119: "Peu de
jours après sa consécration, ceux qui le virent ne le reconnaissaient
plus. Il avait dépouillé ses riches vêtements, démeublé sa maison
somptueuse, rompu avec ses nobles hôtes, et fait amitié avec les
pauvres, les mendiants et les Saxons. Comme eux il portait un
habit grossier, vivait de légumes et d'eau, avait l'air humble et

triste, et c'était pour eux seulement que sa salle de festin était ouverte et son argent prodigué."

97. **Fichaises**:=*fadaises*, 'nonsense.'

**Mon devoir m'est remis**: *remettre* is here used in the sense of 'to remit' (a punishment).

**Bayeux**: the Bayeux tapestry was traditionally ascribed to Matilda of Flanders, wife of William the Conqueror, but it was more probably commissioned by William's half-brother, Odo, bishop of Bayeux.

**vous, c'est d'un médiocre**: a forcefully elliptical expression: 'in your case, it couldn't be more second-rate.'

98. **Guillaume, fils d'Étienne**: William Fitzstephen, Becket's secretary, was with him at the time of his assassination and was to be one of his earliest biographers.

100. **treize semaines**: in fact, the Archbishopric was vacant over a year. *Cf.* Thierry, p. 118: "l'un de ses justiciers porta de sa part aux évêques d'Angleterre, qui depuis treize mois retardaient l'élection, l'ordre formel de nommer sans délai le candidat de la cour."

102. **l'Irlande catholique**: the Anglo-Norman conquest of Ireland was begun in about 1170, though it appears that Pope Adrian IV had given his blessing to the undertaking as early as 1156 (see Thierry, pp. 236ff.).

**le denier de Saint-Pierre**: "nom que donne l'Église catholique aux subsides volontaires des fidèles" (*Grand Dictionnaire Larousse du xix<sup>e</sup> siècle*). In fact, this levy was often anything but voluntary.

**C'est donné**: 'that's nothing to speak of.'

**fils de marinier**: see note on p. 52.

103. **la taxe d'absence**: *i.e.*, 'scutage'; see Introduction, p. 10.

104. **non sans qu'un de ses chanoines ne lui ait remis**: the construction with *sans que* does not normally require *ne*.

**la discipline**: 'the scourge.'

105. **. . . pour fuir la glèbe**: *i.e.*, to escape the serf's obligations to his overlord. The ordination of peasants' sons without their overlords' consent was a very controversial matter, and one of the articles of the Constitutions of Clarendon laid down that this should not be practised.

106. **. . . du Trésor**: *Cf.* Thierry, p. 138: "(Le roi) se hâta de lui envoyer la sommation de comparaître de nouveau dans le délai d'un jour devant l'assemblée de Northampton, pour y rendre compte des sommes d'argent et de tous les revenus publics dont il avait eu la gestion pendant qu'il était chancelier." This charge was

not in fact made known to Becket until after the beginning of
the Council of Northampton, to which he had been summoned to
answer a different charge (see Introduction, p. 15). The excommunications referred to in Foliot's previous speech had taken place
before the Council of Clarendon, so that it will be seen that the
playwright has selected and telescoped the historical events for
reasons of dramatic economy.

... **toute réclamation:** *Cf.* Thierry, p. 139: "les barons de son
échiquier et Richard de Lucy (*sic*), grand justicier d'Angleterre,
m'ont déclaré quitte de tout compte et de toute réclamation."
**Quarante mille marcs d'or fin:** "quarante-quatre mille marcs"
(Thierry, p. 139).

107. **Guillaume de Clare:** "Gilbert de Clare" (Thierry, p. 122); and
*cf.* Becket's next speech.

108. **un orémus:** the Latin imperative, 'let us pray,' has passed into
French (i) as an injunction, and (ii) as a noun meaning *prière,
oraison.* Here we have a graphic, substantival use of the injunction
—'a let-us-pray.'

110. **La procédure suit son cours:** for the whole of this episode,
see Thierry's account of the last day's proceedings at the Council of
Northampton, pp. 140–46. The dramatic appearance of the
Archbishop after a '*troisième sommation*' is an invention of the playwright's—but an effective and surely a legitimate one; *cf.* Speaight,
*op. cit.,* p. 137: "As one reads the account of this fatal day ... it is
impossible not to be reminded sometimes of a great actor whose
gestures and utterance are supremely appropriate to their occasions."
**l'Évêque de Chichester:** see Thierry, p. 142.
... **de l'esprit malin:** *cf.* Thierry, p. 143: "Gilbert Foliot accusa
devant (l'assemblée) le *ci-devant archevêque* d'avoir célébré une messe
en mépris du roi, sous l'invocation de l'esprit malin."

111. ... **en ma Cour:** *cf.* Thierry, p. 144: "Par la foi que vous me
devez, faites-moi prompte justice de celui-ci, qui est mon homme-
lige, et qui, dûment sommé, refuse de répondre en ma cour."
**votre auguste père:** Queen Eleanor's father was William IX of
Aquitaine, and the lands which she brought Henry on her divorce
from Louis VII of France in 1152 formed a large part of his continental domains.

112. **ma jeunesse:** Eleanor, the historical counterpart of the '*jeune
reine,*' was in fact 11 years older than Henry, and had already had 2
children by her first husband Louis before she married the English
King.

**en couronne:** Henry II's mother was Matilda, wife of Geoffrey of Anjou; though Empress of Germany by her first marriage, she was not strictly speaking a 'Queen-mother,' in spite of her long attempt to win the crown from Stephen. It is hardly necessary to point out how deliberately anachronistic is the picture of Matilda given in this speech of the King's.

**sans que personne n'ose l'arrêter:** see note to p. 104.

13. **... par devers lui:** *Cf.* Thierry, p. 144: "Lorsque Robert, comte de Leicester, chargé de lire l'arrêt, prononça en langue française les premiers mots de la formule consacrée, *Oyez ci le jugement rendu contre vous...*, l'archevêque l'interrompit: 'Comte, lui dit-il, je vous défends, au nom de Dieu tout-puissant, de donner ici jugement contre moi, qui suis votre père spirituel; j'en appelle au souverain pontife, et vous cite par-devant lui.'

**... ton jugement:** *cf.* Thierry, p. 145: "Le faux traître, le parjure, où va-t-il?... Reste ici, traître et écoute ton jugement."

**... ce temps-là:** *cf.* Thierry, p. 145: "Au moment de sortir l'archevêque se retourna, et regardant froidement autour de lui: 'Si mon ordre sacré, dit-il, ne me l'interdisait, je saurais répondre par les armes à ceux qui m'appellent traître et parjure.'"

**... à souper ce soir:** *cf.* Thierry, p. 145: "(il) donna ordre de rassembler tous les pauvres qu'on trouverait dans la ville. Il en vint un grand nombre qu'il fit manger et boire. Il soupa avec eux..."

114. **et merde pour le roi d'Angleterre:** *P.* 'to hell with the King of England.' This is the refrain of a song still current in the French Navy.

115. **l'affaire de Montmirail:** this is another example of the playwright 'telescoping' the historical events. The meeting between the French and English kings at Montmirail took place in January 1169 (see Introduction, pp. 15-16), whereas the present scene must be placed soon after Becket's flight into exile in 1164.

**pauvres bougres:** 'miserable wretches.'

116. **... s'il en était besoin:** the text of the letter is copied, with only a few insignificant verbal alterations, from Thierry, p. 148.

**Saint-Martin:** the historical accounts indicate that Becket was still at the abbey (of Saint-Bertin; *cf.* Thierry, p. 146) while the interview between the King and the ambassadors was taking place at Compiègne, and the notion of Becket being in an adjacent room obviously springs from the dramatist's imagination.

117. **... du poison:** see Thierry, p. 147.

118. **benoîtement:** *benoît* is an archaic word meaning 'meek and mild.'

   **cuisine:** *P.* 'dirty work.'

   **praticables:** 'portable' (chairs, etc.).

   **combinazione:** here has the same sense as Fr. *combinaison* used colloquially: 'plan, scheme.'

119. **la Curie:** the Curia, or papal Court.

   **à Rome:** in historical fact, the Pope, in exile in France, received Becket at Sens.

120. **... d'Archevêque-primat:** this is in fact what Becket offered to do on meeting the Pope at Sens.

121. **... des pauvres:** *cf.* Thierry, p. 153: "Le pape le revêtit de nouveau (de sa dignité épiscopale) en prononçant ces paroles: 'Maintenant allez apprendre dans la pauvreté à être le consolateur des pauvres.'"

122. **... une tentation:** it is here, perhaps, that Anouilh's Becket comes nearest to Eliot's conception of the character.

   **ceux plus dignes:** the qualification of *celui* by an adjective is irregular in literary French.

125. **... aujourd'hui:** Becket in fact left Pontigny in November 1168, after a stay of nearly four years.

   **... sur la route:** a note at this point in the original edition of the play indicates that the preceding scene was omitted in the stage production.

127. **le cyclorama:** a curved backcloth on to which sky effects etc. are projected.

128. **... souhaiter:** a note in the original edition indicates that this scene was omitted in the stage production.

   **fourre-t'en jusque-là:** *P.* 'get an eyeful of what's happening.'

   **Nous, on est:** duplication by *on* of the personal pronoun subject is a common feature of popular speech.

   **la corne du bois:** *cf.* Lat. *cornu:* 'flank,' 'wing' (of an army).

   **foute par terre:** *P.*=*jette par terre.*

   **la carne:** *P.* 'nag.'

   **couillon:** *P.* 'idiot.'

   **... pas:** note the features of popular speech here: '*le sort ... qu'ils débattent*' (=*c'est le sort ...*); the incoherent relative clause in '*Des choses que...*'; the omission of *ne* in the negative clause.

129. **poulaines:** or, *souliers à la poulaine, i.e.* shoes with long pointed toes (sometimes turned-up).

132. **... dire non:** in this and his next speech Becket's similarity to

earlier Anouilh heroes is brought out most clearly. *Cf.* Antigone's words to Créon; "Je ne veux pas comprendre. C'est bon pour vous. Moi, je suis là pour autre chose que pour comprendre. Je suis là pour vous dire non et pour mourir." (Ed. Landers, Harrap, p. 77.)

35. ... **messieurs**: a note in the original edition of the play indicates that this brief scene between Louis and Becket was omitted in the stage version, as were also the following two scenes.

36. **j'en ai vu d'autres**: *P.* 'I've known worse.'

37. ... **pas peur**: note again the popular omission of *ne* in a negative phrase.

39. ... **nécessaire**: *cf.* Thierry, p. 182: "le roi Henri présenta aux barons anglo-normands son fils aîné, et leur exposa que, pour le bien de ses vastes provinces, un collègue dans la royauté lui était devenu nécessaire, et qu'il souhaitait de voir Henri, son fils, décoré du même titre que lui." The purpose of this coronation was of course to assert the King's independence of Canterbury: the 'young king' was crowned by Roger of York.

**écuyers tranchants**: an *écuyer tranchant*, or 'esquire trenchant,' was a page or squire whose task was to carve the meat for the lord's table. Also known in English as 'esquire carver.'

40. **cette chienlit**: a vulgarism: 'these farcical proceedings.'

**au train**: 'in the rear' (*le train* is here used in the sense of 'quarters' (usually of a horse)).

**contre moi**: historically inappropriate; see second note to p. 112.

41. **le roi, votre père**: the historical Henry's father was of course not King, but Count of Anjou.

**margotons**: *margoton*: "femme de mœurs équivoques" (*Larousse du xxᵉ siècle*).

43. ... **sauf-conduit**: see Thierry, pp. 195–6.

... **pas un Normand**: see Thierry, p. 197.

44. ... **mangeant le crin**: *cf.* Thierry's account (p. 157) of a similar manifestation of uncontrolled rage on the King's part in 1166: "Il ôta son chaperon et le jeta par terre, déboucla son baudrier, quitta ses habits, arracha l'étoffe de soie qui couvrait son lit, et s'y roula devant tous ses chefs, mordant le matelas et en arrachant avec ses dents la laine et le crin."

... **et me fait injure**: *cf.* Thierry, p. 201: "Le roi fut saisi d'un de ces accès de colère frénétique auxquels il était sujet: 'Quoi, s'écria-t-il, un misérable qui a mangé mon pain, un mendiant qui est venu à ma cour sur un cheval boiteux, et portant tout son bien derrière lui, insulte son roi, la famille royale et tout le royaume, et pas un de ces lâches chevaliers, que je nourris à ma table, n'ira me délivrer d'un prêtre qui me fait injure!'"

147. **. . . pour leur argent:** *cf.* Thierry, p. 306: "Chacun des évêques, dont le rôle était arrangé d'avance, prit un de ces fouets à plusieurs courroies . . . (qu'on) nommait *disciplines*. Ils en déchargèrent chacun trois ou quatre coups sur les épaules du roi. . . De la main des évêques la discipline passa dans celle des simples clercs, qui étaient en grand nombre, et la plupart Anglais de race. Ces fils des serfs de la conquête imprimèrent les marques du fouet sur la chair du petit-fils du conquérant, non sans éprouver une secrète joie. . . ."

148. **les partisans du prince Henri:** for a rather highly coloured account of discord between Henry II and dissident nobles, who had taken advantage of the crowning of the 'young king,' see Thierry, pp. 280 ff.